Develop Your Potential with Unicharm Style

ユニ・チャーム式
自分を成長させる技術

高原豪久
ユニ・チャーム代表取締役社長

ダイヤモンド社

はじめに

私は、「人がもって生まれた能力に大きな差はない」と考えています。

それでいて、大きく育つ人とそうでない人がいるのは、本人の努力や意識の違いによるものでしょう。

また、人をどのように育てればいいかと問われたとき、私はいつも次のように答えています。

「人は育てられない、勝手に育つもの」

人の成長は、結局のところ本人次第であり、周囲の人がこう育てたいといくら努力しても、思うようにはならないと痛感しているからです。

能力に大差はなくても、育つか育たないかは本人次第というわけです。

しかし、育てられないとしても、組織として「育ちたいと強く願っている人が、みずから育つことのできるよい環境や仕組みをつくること」は可能です。

ユニ・チャームでは、そうした考えに基づいて、社員の成長を促進するための数々の仕掛けや仕組みをつくってきました。

仕掛けや仕組みを使うことで、社員がみずからの力で成長する。その成長の先にあるのは、グローバル社会でも通用する「共振人材」というものです。

「共振人材」は、ユニ・チャームで掲げた理想的な人材像です。しかし、おそらく当社に限らず、あらゆる企業で必要とされる人材であり、その必要な要件として、私は次の「共振人材の6要件」を社内に示しています。

1 皆が奮い立つ共通の的《まと》を創る創造力＝大局観

2 現場の知恵を経営に活かそうとする〝場〟を組織や固定観念に囚われずタイムリーに設定できるコミュニケーション力＝傾聴力・提案力

3 ありのままの一次情報を早く正しく認識できる直感力＝現場感

4 暗黙知の〝勝ちパターン〟を形式知の〝勝ちパターン〟へ〝見える化〟できる実践力＝論理性

5　みずからの意志やアイデアを集団で実行に導く胆力＝求心力・共感性
6　〝勝ちパターン〟を〝型〟として組織に浸透定着させる徹底力＝しつこさ・真面目さ

共振人材の6つの要件について、それぞれ簡単に説明しておきましょう。

まず、創造力の発揮に一番必要なのは、大局観です。組織に活力をもたらすためには、皆が奮い立つような共通の的をつくる創造力が必要です。そのためには、大局観に立って周囲を巻き込むことに務めなければなりません。

コミュニケーション力は、現場の知恵を経営に活かし、経営層の狙いを現場の一人ひとりが理解するのに不可欠なものです。コミュニケーションというと、発信力や話す力、プレゼン力などを思い浮かべがちですが、私が考えるコミュニケーション力の一番重要な要素は、人の話をしっかり聞く傾聴力や、その場その場で適切な対応をすることです。相手の話を聞いてからアクションを起こす、それに対する相手の反応をしっかり見てまた適切なアクションをする。常にこのような双方向のやりとりができて初めてコミュニケーション力が高い人といえます。

直感力は、現場感が大きな要素となります。それには、ありのままの１次情報を入手することが重要です。途中で誰かに加工された２次情報や３次情報ではなく、あくまで１次情報を、早く、正しく認識しなければなりません。これは意外と難しいことです。上司は少なくとも、部下からの報告をそのまま真に受けてはいけません。部下も一生懸命報告してくれるのですが、立場によって見る観点が違ったりするので、どんな時でもみずからの耳目で１次情報を集めることが大切です。

実践力は、論理性を伴うことが大切です。意外に思われるかもしれませんが、効果・効率が高い取り組みは、必ず論理で裏打ちされています。本書で紹介するＳＡ《サッ》ＰＳ《プス》手法や共振の経営も、各々の具体策について、きちんと論理的に説明できるように構築しています。本来は昔ながらの徒弟制度で時間をかけて丁寧に人材を育成できればよいのでしょう。もちろん、当社における人材育成の柱は、今日でも実務を通じたＯＪＴ（オン・ザ・ジョブ・トレーニング）です。しかし、いまの時代にあって、そこまで贅沢に時間を投じることは許されません。よって、形式知にできる分野については、極力ロジカルに〝見える化〟していかなければなりません。

このことは海外で事業を展開するようになって痛感しました。日本人同士のみで通用する阿吽《あうん》の呼吸ともいえる曖昧な表現では人は動きません。一生懸命努力しなさい！と言うだけではダメで、努力すべき中身を具体的に説明しないといけません。それは、いまの日本の若い人たちにも相通じるところでしょう。暗黙知を形式知化するには、因数分解して、定性的なものをできるだけ定量的に表現する努力が求められます。実践力の背景に論理性がなければいけないのはそのためです。

胆力は、個人的に一番難しいと思うところです。みずからの意志やアイデアを集団で実行させなければならないときに必要な、キモの太さや器の大きさを指します。言い換えると求心力や共感性となりますが、少々手垢《てあか》のついた観念的な表現のため何となく薄っぺらい気がして、あえて胆力という言い方をしています。

最後の徹底力は、真面目さやしつこさが重要な要素です。たとえば、商品を売るためには、商品とチャネル、マーケティングという3つの軸に分け、そのパターンを構造的に入れ替えて、勝利の方程式や勝ちパターンを見つけ出していきます。それを型として組織に浸透・定着させるには、座学の学びだけでは到底難しいでしょう。勝ちパターンとなる行動が習慣化するまで、真面目にしつこく、徹底的に教え込まなければなりません。

もちろん、6要件すべてを兼ね備えるのは極めて難しいことです。私もすべてできているとは毛頭思っていませんし、いまはまだユニ・チャームの社内にもいません。そうした人材をともに目指していこう、という意味で掲げているものです。逆に、「自分はどの要件も満たした」つもりになることが一番危険です。

成長を加速させるためには、良いものを学び、これを真似るという素直な心と素直なスタンスをもつことが重要です。共振人材は、みずから発信することはもちろん、受信力や共感力にも優れており、また良いものを素直に認め、すぐに真似ることのできる人材という意味もあります。その意味で「共振人材」はユニ・チャーム に限ったことでなく、これからグローバルな活躍が求められるビジネスパーソンに 普遍的な条件と言えるのではないでしょうか。

実際、私の考えるグローバル人材とは、自社の風土や文化を体現し、どのような国においても、自分で考え、みずからが率先して行動し、現地に自社の風土や文化を再現できる人物のことです。日本人というある程度標準化された人たちのなかでも難しいのに、国のボーダーを超えていくとなれば、これらの要件をもたないとグローバルな世界で結果を出すことはできません。

海外市場で急速に伸張しているユニ・チャームにとって、こうした人材の育成は急務でもあります。

当社の２０１５年度売上高は７３８７億円、売上高営業利益率は10・８％と、ここまで14期連続の増収、９期連続の増益を達成してきました。私が社長に就任してから15年間で約３倍に成長してきたのですが、それを牽引しているのが全売上高の61％を占める海外市場です。なかでもアジアでは、赤ちゃん用紙おむつ、生理用品、介護用品のいずれの分野でもトップシェアを達成し、通貨安などのマクロ要因にも負けずに大きく成長しています。今後、さらにグローバルトップと戦っていくうえで、共振人材の増強は欠かせないのです。

共振人材の根本にある考え方が、「共振の経営」です。

組織内で生まれた日々の工夫や知恵が、現場の社員と経営層の間を行ったり来たりすることで「振り子」のような共振を生むこと。それがユニ・チャームの目指す「共振の経営」です。現場の知恵を経営に活かすのと同時に、現場も経営の視点を学ぶことでそれが可能になります。

「共振」には「縦」と「横」という2つの方向があります。「縦」とは、経営層は現場の1次情報を、現場は経営陣に視野の広さを、といったように、互いに視座・視点を合わせに行くことです。そして「横」とは、部門の機能や役割の壁を越えて共通の目標に向かって力を合わせることです。

社内の課やグループといった小集団がどれも激しく縦・横に共振し、さらにその振動が全社に広まり会社全体で大きく共鳴することによって組織を伸張させていくのです。それを実践できる人材を当社では「共振人材」と呼んでいます。

本書では、そうした共振人材を育むためにユニ・チャームがどのような仕組みをもち、どのような意識を根付かせようとしているのかを紹介しています。これから大きく育ちたいと夢を見る若い人に向けて、経験を踏まえつつ私なりの考え方を中心にまとめました。

人がもって生まれた能力に大きな差はありません。大きく育つかどうかは、その人の意識次第。言い換えれば、誰しもが成長の可能性を秘めています。

みずからの成長を強く望み、一段高いレベルでの仕事をするためのヒントを見つけていただければ幸いです。

２０１６年４月

ユニ・チャーム株式会社
代表取締役社長執行役員
高原　豪久

ユニ・チャーム式　自分を成長させる技術　目次

第1章 日々の仕事の意義や、今やるべきことに意識を向ける

第2章 醍醐味を知れば仕事がもっと面白くなる！

第3章 成功するまで諦めないチームをつくる

第4章 チーム力を底上げするコミュニケーション法則

第5章

成長に欠くことのできない土台とは

第1章

日々の仕事の意義や、今やるべきことに意識を向ける

1

最も重要な資源である「時間」の使い方

今日のビジネス環境では「大きいものが小さいものに勝つ」のではなく、「速いものが遅いものに勝つ」と、私は考えています。この「速い（スピード）」には「早い（タイミング）」という意味も含めています。

たとえば、２社が競合製品の開発を同時に始めたとすると、開発の「速さ」に勝る企業が勝ちを収めることでしょう。また、たとえ速さはそれほどでなくても、他社に先駆けて開発をスタートし、「早く」完成させたほうが勝ちます。このことは企業規模の大小を問わず、ビジネスの真理です。現代は、「時間」がビジネスの勝敗を左右します。

なぜ、そんなに時間にこだわるのか。それは、従来の経験では予測できないような大きな変化がものすごいスピードで起こるという状態が、グローバル化とＩＴ技術の進化によって常態化したからです。つまり、「過去からの延長線上に収まらない振れ幅で大きな変化が頻発する時代」になったのです。

そんな時代を生き抜くには、可能な限り先を読み、変化に対応する準備を徹底しなければなりません。**どんなに大きな変化であっても、準備さえ怠らなければ他に先駆けて対処できる**でしょう。さらに、準備をすることのもっと大きな意義は、確固たる安心感をもてるようになることです。これから世の中がどんな風に変わるのかと、いつもびくびくしながら仕事をするのと、自信をもって仕事をするのとでは結果が大きく違ってきます。

具体的には、「走り続けるウサギ」を目指しています。

「ウサギとカメ」のイソップ童話は、皆さんも御存知でしょう。足の速いウサギは、かけっこの途中で油断してうっかり眠りこけ、カメに負けてしまうという、勤勉に働くことの大切さを伝える話です。しかし、これからの時代は、ただただ真面目で勤勉なだけでは通用しません。「カメの勤勉性をもち合わせた足の速いウサギ」でなければ生き残れないと考えています。

他人の時間をムダに使わせない

時間を重要な資源と考えることは、周りの人を尊重することにもつながります。

当たり前ですが、個人に与えられた時間には限りがあるもの。たとえば、いま22歳の人が、65歳まで現役で働くとして、その日数は休日を含めたとしても約1万6000日、勤務日にすると約1万日です。

「あれっ、案外少ないんだな」と感じませんか。

人として生を受けた以上、誰しも自分の生きた証をどこかにしっかりと残しておきたいと思うものです。あなたは、自分が懸命に努力してきた形跡を、会社のなかに残せているでしょうか。また、日々の業務や家事、子供の世話をするだけでも時間が足りないという思いをしている人もいるでしょう。

また、自分がそうであるならば、他人の時間もおいそれとはムダにできないことに気がつくはずです。自分の不注意でミスをして、その解決に同僚の手を煩わせてしまったら、その人の貴重な時間をムダに消費させたことになってしまいます。

時間を資源として有効に活用するとは、具体的にどのようなことを言うのでしょうか。

たとえば、市場ニーズを観察したあとは、いかに素早く状況判断を行い、次に何をすべきかをスピーディーに意志決定することです。それによって「早い（速い）ものが遅いものに勝つ」ことができます。

ただし、組織としての早さでなければなりません。**企業間格差は、組織の運動能力によって差がつく**からです。それには、組織として早く（速く）行動できる仕組みが必要です。それができて初めて、時間は重要な経営資源となるのです。

2 成功に導く「1→10→100」の努力法則

ビジネスにおいては、成功するまで粘り強く取り組む姿勢が重要です。

「思いつくには1の力、実行するには10の力、成功するまでやめないには100の力」という言葉で、私はこれを社員に伝えています。アイデアを実行に移すには、アイデアを思いつくまでにかけた労力の10倍が必要で、それを成功させるにはさらにその10倍の労力が必要になるという意味です。

アイデアを出すだけなら多くの人ができることでしょう。しかし、その段階ではまだ具体的な成果はあがっていません。

次にそのアイデアの実行です。製品開発であれば具体的なスペックを開発すること、営業なら得意先と商談を始めるといった段階です。ここまでに至るには、自分のアイデアを披露し周囲の人たちから賛同を得て巻き込み、密なコミュニケーションを取るなどのさまざまな過程を経なければなりません。それには、アイデアを思いつくまでに費やした努力のさらに10倍くらいの研鑽が必要なはずです。

でもそこで終わりではありません。行動を始めたのち、またさまざまな障害に出合い、諦めずにそれを克服して成功までもっていくには、さらに10倍の努力が必要になります。

この点は経営者なら誰でもが実感していることではないかと思います。というのも経営者はアイデアを出したり、それを実行するだけでは評価されません。経営者はそれを成功させ、業績の向上という具体的な成果が出て初めて評価されるものだからです。

ある国に新たに参入するときのことを考えてみてください。参入するまでの準備にかかる労力が1とすれば、その国の業績が黒字転換するまでの労力は10、さらに累損を一掃できるまでの労力は１００にのぼるでしょう。この「1→10→１００」

の法則は、成功するまで諦めない姿勢を促すだけでなく、経営者の視点でものを考える習慣を身につけるという意味もあるのです。実際、私はこの法則を常に頭に置いており、**良いアイデアを出しても、成功までにこれまでの１００倍のエネルギーが必要になる**ことを覚悟するようにしています。

あなたはアイデアを思いついただけで満足していませんか。あるいはそのアイデアを実行、つまり製品化したり戦略化するだけで充足感に浸るようなことはなかったでしょうか。

もちろん、それだけでも大変な努力が必要だったと思いますが、ビジネスではその段階では成功とはいえません。成功と呼ぶためにはそれまでの努力をさらに上回る努力が必要となることを知っておいてほしいと思います。

3 決断するときに大切なのはメガトレンドと肌感覚

ビジネスシーンでは「決断」を迫られる瞬間が多々生じるものです。

では、決断の精度を上げるためにはどうすればよいでしょうか。

ポイントは自分なりの基準を設けることにあると思います。**決断を迫られたときはその基準に立ち返り、冷静になって状況を見極めてから行う**ようにすれば、ブレのない、筋の通った決断ができるようになります。

私はその基準を「メガトレンド」と「現場の肌感覚」に置いています。

メガトレンドとは、10年単位の時間軸で見た、誰の目にも明白な時代の流れのことです。これにはさまざまな統計データが基になって作成されています。たとえば、日本における少子高齢化や新興国の経済発展などは、データにしっかり裏打ちされたメガトレンドと言えるでしょう。

そうした自社の力ではどうにもならない、時代の大きな流れは素直に受け入れ、その流れが起こることを前提にして、今後の経営戦略を組み立てなければなりません。

私が当社の経営を引き継いだのち、日本国内において大人用のおむつに経営資源の集中を図った際も、このメガトレンドを意識しました。日本の人口動態から見て、今後は少子高齢化に拍車がかかり、子供用だけではおむつの需要が先細りするのは明白だったからです。大人用のおむつは、普及にさまざまな困難はあったものの、需要の拡大は間違いなく、成功の確率は高いと考えて決断しました。

また、海外展開の積極化も大きな決断でした。1990年代から進め、当時、経営戦略担当常務だった私はすべての現地法人設立に関わり、取締役会に議案を提出しました。当時の全社売上高は1000億円を超えたばかりで、一部の人からは無謀な投資と批判もされました。しかしそのときの判断があればこそ、今や全売上高は当時の約7倍に成長できたのです。牽引しているのは海外売上高で、アジアでの売上高は全体の48%にのぼり、海外全体でいえば61%を稼ぎ出しています。あのときの決断があったからこそ、今日の当社があるのだと思っています。

みずから現地に入り込んで市場調査

ただし、データだけを基準にして経営の重要な決断をすることはリスクも伴います。海外進出の場合は特にそうです。

道路の整備状況、競合企業の動向、現地の人の生活慣習など、現地で実情を把握しなければ判断できない要素はたくさんあります。

そのため、私は新しい国や地域に進出する際は、現地に2週間から1か月は入り込み、みずから街を歩いて市場を観察したり、現地の一般家庭を訪問調査することにしています。こうして得られたものを「現場の肌感覚」として、決断のもうひとつの基準としています。

4

自社の会社案内で〝相性〟を確かめる

就職活動の際には、あれだけ真剣に読んだ「会社案内」。社員になってしまうと案外目を通す機会がないものです。あなたは自分の会社の「会社案内」をこの1年以内に読んだことがあるでしょうか。

もしないようなら、手に入れて、隅から隅まで一度読んでみてください。どこか新しい発見があるはずです。忘れかけていた会社の経営理念やビジョン、全社に共通する価値観を思い出すきっかけになるかもしれません。

そのとき、考えてほしいことがあります。

それは、あなたがいま勤めている会社の「価値観」に本当に共感できているかどうかということです。

このことは、あなたの将来に極めて大きな意味をもちます。

経営層の信頼を得るための鉄則

おそらく30代半ばまでは、業務処理能力さえ高ければ係長や課長程度の地位は得られます。しかし、そこから上の部長や役員を目指すのなら、「会社がもつ価値観にどこまで共感できているか」がものすごく大きな要素となるからです。その価値観に対し真っ正面から向き合わないと、どこかで自己矛盾が起きてきます。

リーダーであれば、まず、**会社の方針を自分の言葉で部下に説明することができなくなります**。

「これは会社の方針だからな。つべこべ言わずにやってくれよ」などとおざなりな説明を繰り返していると、部下がだんだんついてこなくなるものです。誰もそんな上司を信頼する気にはなれないからです。いちばんのポイントがそこにあります。

たとえばユニ・チャームは、コーポレート・ビジョンとして「NOLA&DOLA」を掲げています。「Necessity of Life with Activities & Dreams of Life with Activities」の頭文字をとったもので、当社の決意を表しています。

「赤ちゃんからお年寄りまで、生活者すべての領域で束縛から解放し、より多くの夢をかなえるために我々は存在する」という意味です。

祖業のひとつである生理用品は、女性から生理の不快さを少しでも低減しようとしたものです。また、赤ちゃん向けの紙おむつは、赤ちゃんの不快さや布おむつを頻繁に取り替えるお母さんの負担を軽減するものです。「その人らしく生きることを支援する」ことが私たちの使命だと考えています。

経営者も、会社や自分がもつ価値観に共感できている人を部長や役員に選びたいものです。自分とまったく同じ考えをもつ人などいませんが、最低限ここまでは価値観を共有できていると確信がもてれば、信頼に足る人物と判断します。

これについては、**人種や国籍を問いません**。日本人であっても、ユニ・チャームの考え方は肌に合わないと思う人もおそらくいるでしょう。だから、ユニ・チャームの考え方であるユニ・チャームイズムは日本人だから理解できることであって、中国人にはわかってもらえないだろうという発想はナンセンスなのです。

中国やインドには10億を超える人が暮らしています。そのうちユニ・チャームで働く人はせいぜい数千人。それくらいの人数なら、根気よく説明すれば、ユニ・チャームイズムに共感してくれる人を集められると考えています。

5 上司や先輩から仕事を奪い取ってこそ成長できる

上司や先輩にかわいがられると、どんなメリットがあると思いますか？

若いビジネスパーソンに絶対的に欠けているもの――「経験」は、先輩から学ぶのが手っ取り早く間違いありません。それには、普段から先輩たちと良い関係を築き上げておき、出し惜しみせず「こいつにはオレのもっているものを全部教えてやろう」と思ってもらうのが早道です。

かわいがられるコツは、実は簡単です。

先輩たちの仕事をどんどん手伝えばいいのです。

若い間は、仕事は与えられるものではなく、自分から手を挙げてやらせてもらうものだ、と考えてください。上司や先輩に対しては、「何かさせてください」「ぜひ手伝わせてください」を口癖のようにしておく。さらに、ひとつの仕事が終わったら「まだ何かありませんか」と尋ねる習慣を身に付けるといいでしょう。

誰よりも汗をかき、積極的に、かつ何事にも素直な心で取り組む姿勢、ひたむきに努力する姿勢が周囲を感動させます。この姿勢こそがビジネスパーソンとして最も大切なことだと私は信じて疑いません。

チャンスを多くつかむ方法

そのため、若い人は次の2点を心がけてください。

1つ目は、上司や先輩から声をかけられたら、必ず「はい！」と元気な返事をすること。独力で一人前の業績をあげられない新人時代は、〝若さ〟と〝元気さ〟で社内を活気づけることで貢献を目指しましょう。**大きくハキハキした声で返事をし、挨拶することは、それだけで大きな貢献となる**ものです。

2つ目は、上司や先輩から何か頼まれたら「はい、ありがとうございます」と返事し、すぐに着手すること。そして、頼まれごとが終わったら「終わりましたが、何かほかにお手伝いすることはありませんか」と尋ねます。

仕事を手伝うということは、仕事を覚えるチャンスを与えてもらえたということです。どれだけ多くのチャンスを得るかによって、成長に大きな差がつきます。当然ですが、「手伝いたい！」という姿勢を見せる人にチャンスは集中します。

これを**3年くらい続けると自然に力がつく**し、何より手伝った上司や先輩からかわいがられて、さらに大きな仕事に恵まれるようになります。

この2点は「やってみよう！」と決意して実行さえすれば、誰にでもできることです。

また、同じ教えてもらうのであれば、できるだけ厳しい人に指導してもらったほうがいいでしょう。人当たりが悪くいつも不機嫌そうな表情をしているけれど仕事ができる、というタイプの人ほど、必ず他の人がもっていない何かをもっています。人当たりの悪い人から学べることは、むしろ幸運です。

学ぶことに貪欲な人は、「出会う人みな師匠」という姿勢をもっていて、数年後に大きな差を生むものです。

6 苦しいことに取り組みやり抜くコツ

人間は本能的に、変化を嫌う生き物だと思っています。だから、たとえ悪い習慣であることがわかっていても、なかなか変えることができません。

たとえば、タバコが一例です。「自分の健康のため」というだけでは、なかなか禁煙できないものです。私も若い頃はタバコを吸っていたので、その効用も禁煙の難しさもよくわかります。

「禁煙なんて簡単だ。私はもう何千回もやっている」と言ったのは『トム・ソーヤーの冒険』などの著者のマーク・トウェインですが、私も同様で、以前は何度も禁煙にチャレンジしては失敗してきました。「1日20本吸いたいものを半分にしよう」とか「吸う時間を決めて1日5本にしよう」とか。身体に悪いことも重々承知していましたが、なかなかやめることができませんでした。

そういう悪しき習慣は、自分の健康のためというよりは、一義的に他の目的をもってやめるほうが楽です。私の場合は、事業の本部長時代に遭遇したある難題がきっかけでした。

その際に願掛けとして、好きだったお酒とタバコのどちらかをやめようと考え、タバコを選びました。その難題を解決するまで一切吸わない決心をしたのです。

結局、丸1年かかってしまいましたが、そのときにはタバコとはきっぱり縁を切ることができていました。

タバコのみならず、やめたくてもなかなかやめられない習慣をもつ人は、この願掛け法によってチャレンジしてみてください。

□目標への執念を生み出すために

この願掛け法は、仕事の改善にも利用できそうです。

たとえば生産部門であればロス率0・1%以下を達成するまで大好きな甘い物を絶つとか、営業部門であれば売上目標を達成するまで毎朝ジョギングを続けるなど、願掛けを自分自身の体質改善に結びつけるのです。

直接的なつながりはないはずでも、これで挫折したら仕事の目標も達成できないのではないか、と縁起が悪い感じがします。それがいい意味で、仕事においても目標への執念を生み出してくれます。そうして両方が達成できれば、まさに一石二鳥です。

年齢を重ねるとともに、残念ながら体の機能は低下していきます。健康を維持するには、自分の衰えをいかに緩和するか、良い状態を一日でも長く保てるかが重要です。それには仕事と生活の度合いが最も大事な要素だと思います。

「病は気から」という言葉がありますが、前向きな気持ちや充実感があれば、運動も食事制限も「頑張ろう」という発想が生まれてくるものです。

7 行動を変えれば、意識が変わる！

ここまで第１章では、具体的な行動指針を述べてきました。それには理由があるのです。

一般的に、企業改革を行うときは、まず社員の意識を変えるというのが定石ではないでしょうか。どんな斬新な施策を打ち出しても、社員の意識が変わらなければ実効性が上がらないからです。

たしかに理論的には正しいと思いますが、実際に行うのは相当に難しいと思っています。**自分の気持ちひとつ操るのも意外と難しいのに、人の心の中まで踏み込んで変えるなんてそう簡単にはいきません**。自分も含めて人の意識を変えるには、まず行動を変えるところから始めるほうが効果的です。当社では、これを実践するためにＳＡＰＳ《サップス》手法という仕組みを２００３年に導入して活用しています。

ＳＡＰＳ手法の手順は、次のとおりです。

S　Schedule（スケジュール）：「思考」と「行動」のスケジュールを立てる
A　Action（アクション）：計画どおりに実行する
P　Performance（パフォーマンス）：効果を測定し、反省点・改善点を抽出する
S　Schedule（スケジュール）：今週の反省を活かして次週の計画を立てる

このSAPS手法は「最も重要なこと、つまり解決することによって得られる成果が最も大きい課題に、時間という重要な経営資源を集中する」ところに特長があります。それによって業績向上が可能となり、また一連のプロセスを通じて、その課題に取り組んだ人の能力も開発されます。

その意味で**業績向上と人材育成を同時に進めることができる**優れたビジネスモデルだと思っています。

現在、世界中のユニ・チャームグループで実践しています。

SAPS手法実践の4点セット

SAPS手法は具体的には次の「SAPS手法実践の4点セット」から成り立っ

SAPS手法を支える4点セット

OGISM（A）表	事業計画要旨一覧表。事業計画を1枚の用紙に簡潔にまとめて共有し、戦略を遂行するために活用する。各階層で作成し、組織能力の向上を目指す。
▼	
1Pローリング表	半期の重点課題を週単位に落とし込み、課題を克服するため専用フォームに記入して週ごとの行動計画を練る。
▼	
SAPS週報	週の行動計画を実現するため、専用フォームに記入しつつ毎日30分単位での行動スケジュールを立てる。
▼	
週次SAPSミーティング	部門ごと、さらに下位の小集団（課もしくはグループ）ごとに、毎週月曜日の会議で前週の結果を検証し、今週の行動にどう活かすかを擦り合わせる。

ています。

・OGISM《オージーアイエスエム》（A《エー》）表

事業計画要旨一覧表。各者がそれぞれ事業計画をA4用紙1枚にまとめたものをグループで共有し、戦略遂行に活用する。「緊急性」と「重要性」で課題の優先づけを行うためのフォーマット。

・1P《ワンピー》ローリング表

半期の重点課題を今週の重点にまで細分化して、課題を克服するための1週間ごとの行動計画を練るためのフォーマット。

・SAPS週報

週の行動計画を実現するため、毎日30分単位での行動スケジュールを記入するための専用フォーマット。

・週次SAPSミーティング

小集団（課やグループ）を最小単位として、「前週のパフォーマンス」を検証したうえで「今週の重点」を確認・徹底し、全員で共有するために毎週月曜に開催している会議。

いずれも結果ではなく行動プロセスを重視するために実施しており、これらによって徹底的に行動改革に努めました。意識よりまず先に行動習慣を変えることによって、意識を変えさせるようにしたわけです。

この「SAPS手法実践の4点セット」は行動管理を行うためのものです。そのぶん売上目標などの数値管理にはあまり重点を置いていません。結果よりも行動を重視しているからです。

革新が革新を呼び込む

数値管理がすべてと考えている方は、プロセスである行動を重視するというと驚かれるかもしれません。そんなことで業績が上がるのか、と思われることでしょう。目に見えない人の意識や考えを強制的に変えることはできませんが、行動を変化させることは可能です。「ＳＡＰＳ手法実践の４点セット」によって行動を半ば強制的に変えさせることによって社員の意識革新も進みます。

行動改革がなぜ大切かというと、行動が変わればそのアウトプットである成果も、良いか悪いかは別にして変わることになるからです。

その変化を見て反省することで、意識が変わります。それによってさらに行動変革が促進されます。いわゆる〝グッド・サイクル〟が回り出すわけです。それが習慣になり、能力の向上につながります。ひとつの革新が次なる革新を呼び込んでくるということです。

経営者もビジネスパーソンも、結局は考えることと行動することの繰り返しです。そのレベルを、いかにスパイラルに上げていくかが重要です。最初によく考えておかないと行動に移れないのではないかと考え過ぎたり、逆に真剣に考えていないから成果の出ない場当たり的な行動に終始してしまい、結局は行動し続けることができないのです。それならば、必ず**成果の出る行動から入るほうが効率的**なのです。

たとえば、「ホームランを打て」と命じられても、実行できる人は少ないでしょう。そうではなく、「毎日1000回素振りをしなさい」といった、やろうと思えば誰でも実行可能な具体的な行動を指導し、また実行し続ければ、ホームランという素晴らしい結果が生まれるということです。

SAPS手法は私が推進する「共振の経営」の原動力となってユニ・チャーム号を前に進ませています。いまなお進化の過程にあり、日々の活動のなかで改善が繰り返されています。

おそらく、似たような仕組みはどの会社ももっているのではないでしょうか。大切なのは、いかに執念をもってやり切るか……。当社はそれを意識しています。

第 2 章

醍醐味を知れば仕事がもっと面白くなる!

1 成功に王道はないが、失敗のパターンは決まっている

仕事に主体的に取り組み続けるには、どのような要素が必要だと思いますか。

私は「パラノイア的執念」「常にベストを求める向上心」「〝初〟を生み出す自立心」という3つの要素が欠かせないと考えています。

パラノイア的執念

まず、担当職務を確実に遂行するには、良い意味で偏執的《パラノイア》な執念が必要です。

競争環境が劇的に変化するなかで、個々のビジネスパーソンに課せられた役割の確実な実行は並大抵の努力ではできません。

たとえば、これまでのあなたの失敗を振り返ってみてください。

すると、目標達成への執念はあっても、それがパラノイアのレベルまではいっていなかったことに気がつくのではないでしょうか。

失敗しそうになっていることへの気づきや負けないための軌道修正には、**天才的なひらめきや洞察力は必要ありません**。多くの場合、基本や定石と照らして乖離がないかどうかを、論理的に、地道に、冷静に、緻密に、粘り強く分析し、検証していくことで手遅れになる前に必ず気づいて、軌道修正できたはずなのです。

しかも多くの失敗のパターンは次のように共通しています。

(1) 顧客の本質的な価値をそもそも見誤っていた。的には当たっていても競合より高いレベルで実現できていなかった。その価値が十分に伝わっていなかった。

(2) 戦略を立てた段階で、定性的なシナリオが論理的に成立していたことで安心し、定量的な見立てを誤り、実行段階で対応が間に合わずに頓挫した。

(3) (時間がないことを理由に)過去の成功事例や教科書的なパターンをそのまま使ったエッジのない凡庸な計画であったため、競合企業に簡単に真似されて短期間で効果を失っていた。

どうですか? 思い当たるところはないでしょうか。

常にベストを求める向上心

2つ目は、常にベストを求める向上心です。

たとえ少しずつでも日々の改善を継続するというあくなき向上心が必要です。現状を〝前向きに〟否定して、さらに良くなるよう、常にベストソリューションを追求する〝走り続けるウサギ〟にこそ、際立つレベルでの差別化が実現できるのです。

トヨタでは年間60万件を超える現場改善が実施され、それによる効果は毎年数百億円になるそうです。しかもそれを50年以上継続しています。その継続性にこそ、非凡につながる本質があるのです。

〝初〟を生み出す自立心

3つ目は、〝初〟を生み出す自立心です。当社においては、週次で運営しているSAPS手法がその力を育んでいます。

それぞれの現場で〝初めて〟を生み出すための情報に接し、それを起点に〝際立つ差別化〟を実現する。そのような自主性を発揮することが大切です。

2 仕事の最大価値は「相棒と事を成す」ことにある

仕事の価値は何かと考えたとき、自分でない誰かと一緒に事を成し遂げるところにあるのではないか、と私は考えています。それが最大の価値と言ってもいいと思います。

仮に何かを成し得たとしても、独りぼっちでは小さな喜びしか感じられません。しかし、一緒に喜ぶことのできる相棒がいれば、それは2倍になります。逆に、厳しい状況に陥ったとしても、相棒がいれば苦しみを分かち合え、その痛みは半分になる。喜びも苦しみも分かち合える相棒を得ることが、仕事の最大の報酬なのだと私は信じています。これが自分の人生観にもつながっています。

相棒と呼べるほどの濃密な関係になるには、仕事の上ではもちろん、プライベートな部分も含めて**相手を丸ごと受け入れる気持ちが大切**です。特に海外で仕事をする場合は、相手の考え方や価値観をいったんすべて受け入れ、相手の立場に100%立って考え行動することが欠かせません。

同時に、相棒から尊敬される存在になる必要もあるでしょう。

いまやビジネスを完遂するには、国境を越えて多くの人たちと折衝しなければならない時代になりました。日本もグローバルの一部です。現在に生きるビジネスパーソンは、直接の対話はもちろんのこと、テレビ会議やメールなども駆使して、複数の国や地域で働く人たちと、単なる語学を超えた深いコミュニケーションができるスキルを身に付けることが求められています。

二人三脚・三人文殊

当社では「二人三脚・三人文殊」という言葉を昔からよく使います。二人三脚は社員の心を合わせることの大切さを、三人文殊は皆で知恵を合わせることの大切さを意味しています。

二人三脚は、それぞれが息を合わせて同じ方向に向かわないと前に進めません。三人文殊は「三人よれば文殊の知恵」のことわざどおり、一人ひとりの能力はそれほど高くなくても、３人の知恵を合わせれば何倍もの力が発揮できるということです。ともに、誰かとともに事を成すことの大切さを言い表しています。

チームの力は、部分の力の合計よりも勝るものです。相棒をもち相互に補完・補強すれば、１足す1を、３にも４にもできるのです。

3 成果は〝狙って取る〟からこそ意義がある

成果は〝狙って取る〟からこそ意義があります。

組織にせよ個人にせよ、**業績は計画力と実行力の掛け算**で決まります。正しい課題を発見し、正しい戦略を立案する「計画力」と、計画を正しく実行し、正しく効果検証し、正しく軌道修正して、目標を完遂する「実行力」の両方を備えていなければ、十分な業績をあげることはできません。

業績は、ただガムシャラに頑張っても上がらないという実感をおもちでしょう。また〝棚からぼた餅〟のような幸運に巡り合って業績が上がったとしても、継続的に数字を残せるわけではありません。

そのため、私は社長就任以来、「自分が実行する計画は自分で立てること」「立案した計画は自分で実行すること」を全社員に徹底してきました。

当初、もの足りなさを感じたのは計画力でした。というのも、当社は創業者・高原慶一朗の強烈な個性と指導力によって業容を拡大してきました。先代社長の指示を守り、ついていけば間違いない、という受命体質が社員に蔓延していたのです。

しかし、私にはそんな個性もなければ能力もありません。そこでみんなで考え、みんなで行動する「共振の経営」を打ち出してきたわけですが、それでも計画力は一朝一夕に身に付くものではありませんでした。

狙って取る「社長賞」に改革

計画力を身に付けさせるためのひとつの施策が、社長賞の刷新でした。

ユニ・チャームには昔から社長賞という制度がありましたが、形骸化しており、社員の成長意欲を刺激するものではなくなっていました。刷新後の当社の「社長賞」は、単なる表彰制度やモチベーション刺激策ではありません。成長を加速させるカギと言えるほど重要なものになっています。

かつての社長賞は、私も1996年当時の台湾のメンバーとともに団体貢献賞として受賞しています。そのときもらった賞金は、ボロボロになっていた工場の社員食堂のパイプ椅子を買い換える費用に充てました。

新しく購入したごく普通のパイプ椅子を皆で誇らしげに眺め、お互い譲り合って誰も座ろうとしなかったことを覚えています（結局、私が最初に座らせてもらいました）。この受賞を機に、メンバーの結束が一段と強まったことは言うまでもありません。

こうした体験をもつからこそ、社長賞の刷新に取り組んだのです。具体的には、社長賞が社員一人ひとりにとって能力を高められるだけの学習機会となるよう変革しました。

まず「事前にテーマを設定し、狙って取る賞」に変えました。好業績を残し、その結果として後付けで応募のエントリーシートを書くのではなく、最初から「これが達成できたら受賞間違いなし」というテーマを設定して応募させ、その達成度合いを競い合う賞に変えたわけです。

言わば、有言実行を目指させるやり方で、そこには**運が入り込む余地はありません**。この点が大切なところです。

つまり、社員には社長賞を取るには「テーマこそがすべて」だと教えています。そのチームや個人が1年間を通して取り組むテーマが、社長賞を受賞するに値する高い難易度をもつかどうか。さらに、全社方針や部門戦略と合致し、取り組む過程を通じて全社に横展開可能な〝筋の良い〟テーマになっているかどうか、ということが重要です。

刷新以降、社長賞の盛り上がり方が変わってきました。テーマの設定段階で、熱のこもった議論が各チームでなされるようになり、当然、計画力も目に見えて向上してきました。

私も、社長賞運営事務局と半年前から毎月1回程度、開会1か月前からは毎週のように打ち合わせを行って、詳細まで私の思いを反映した賞となるように心をくだいています。

4 「もう少し」という貪欲さが際立つ差別化を生む

「あと少し、もう少し（もう1店・もう1秒・もう0・1ポイント・もう1円）」ビジネスでは、そんな意識をもって最後まで踏ん張れるかどうかで、結果に大きな差が出ます。貪欲なまでのこだわりが、非凡を生み出すことになります。

あなたは、誰かにやらされるのではなく、寝食を忘れて仕事に打ち込んだ経験があるでしょうか。

ビジネス経験の豊富な人であれば、「ある」のではないかと想像します。そのとき、お客様や周りの人から感謝され、頼りにされたはずです。もしかすると**上司からの評価よりも、お客様からのほめ言葉のほうが嬉しかった**のではありませんか。

そうした素晴らしい結果を引き出せたときは「あと少し、もう少し」を実践していたはずです。

そのときの喜びを思い出しましょう。同じ喜びをもう一度体験したいと思えば、どんなに困難なテーマであっても、冷静に考えて「難しい」だとか「無理」と思っても、決して口には出さずあらゆる可能性を考え、「あと少し、もう少し」と、常にポジティブな意識をもって結果を求め続けることができます。

リーダーとなる人は、貪欲にこだわり続ける意識を若い世代に伝えていく必要があります。担当している仕事に飽きたり、マンネリに陥って気を緩めたりせず「努力を続けることに耐え抜く」ことができるかどうか。この小さな努力を続けることで大きな違いが生まれるという体験をぜひ味わってほしいし、後輩にも感じさせてあげてほしいと思います。

最後まで努力を続けることに耐え抜く

もし、仕事に対して貪欲さをもてなくなったときは「自分は何のために働いているのか」「本当にその仕事で卓越した成果をあげたいのか」「それはどうしてか」といった仕事に取り組むうえでの基本姿勢を自問自答するといいでしょう。

自分の本音と真剣に向き合うことは、精神的にかなり追い込まれる行為ですが、担当している仕事について「上司から言われたから」「会社の方針だから」という程度の認識しかできていなければ、力を出し切れません。

逆に、**担当している仕事を深く納得している人は本当に強い**ものです。「なんとしてでも成し遂げるんだ」という気概をもって、課題に立ち向かうことができます。そうすれば、その先に見えてくるのはきっと、みずからの達成感のみならずナンバーワンといった素晴らしい成果でしょう。

くじけそうな気持ちも、泣きそうになる気持ちもぐっとこらえ、「仕事の苦労は自分のため。でも、結果が人を喜ばせるものでありたい」という意識をもって、日々邁進していくことができたなら、必ず結果はついてくると私は信じています。

したがって、「飽きたり気を緩めたりせず、最後まで努力を続けることに耐え抜けるかどうか」は、自分自身が「どこまで本気で仕事に向き合えるか」にかかってきます。

「最後まで努力を続けることに耐え抜く」ことは、難しいと感じる人も多いかもしれません。ここには「こだわる気持ち」が大きく関係してきます。〝際立つ差別化〟の源泉はすべてに対する貪欲なこだわりにあるのです。

これまでのやり方を変えて、「あと少し、もう少し」とさまざまな場面で粘ることができれば、〝際立つ差別化〟を生むことができます。そこには王道などありません。凡事の徹底が才能の開花につながるのです。

決意することだけでは何も変わりません。自分でやると決めたら必ず実行することが肝心です。

5

目的志向の楽観主義であろう

前述のとおり、最後までやり抜くこと、努力を怠らないことは大切です。同時に、物事を深刻に考えすぎない楽観性も重要です。単に気楽な脳天気ということではなく、あらゆる困難に前向きに立ち向かうというスタンスです。

ただし、どうしても実際は悲観的な考え方やスタンスに陥ってしまうこともあります。どうすれば、常に楽観的に困難に立ち向かえるでしょうか。

私の見たところ、楽観的な人は「目の前で起こっている現実への対応」と、「未来に向かって行動する『目的志向』に根ざした対応」とが、しっかりワンセットになっています。

そして、自分が望む未来の状況を想定して、現在の自分の行動をセルフコントロールすることで、思い描いた通りの未来になるはずだという自信をもっているのではないでしょうか。事前準備を周到に行うことによって、難しい局面に急に直面してもきっと乗り越えることができるという自信につながっているように思えます。

つまり、楽観主義者には、「未来の目的や目標」があって、「いま行うべき手段や過程」があります。ですから、「いま」行っている行動について、なぜ、そのようなことを行っているのかについて、はっきりと説明することができます。

逆に悲観的な人には、「未来」と「過去」があって、「いま」がない場合が多いようです。悲観的な人にとって、本来ならば未来に向かって行動しているはずの「いま」という貴重な時間を「でも、しかし、だって、もし……」と悶々とするばかりで、「いま」の自分と対峙しないまま、何もせずに過ごしてしまうのです。

楽観主義者は、目的を達成するために、まっしぐらに必要な準備をします。できる／できない、好き／嫌いという感情はあったとしても、それが必要かどうかを基準として行動を起こすので「しかし、もし、でも」という揺らぎが介在する隙間はありません。

そして、さらに楽観主義の特長は、**周りを信頼して、上司でも部下でも周囲の人々と常に対等で良好な関係を築こうという意識が強い**ことです。悲観的な人には、この対等意識が欠けています。人より上位に立つか、下位にあるのか。無意識のうちに、いつも相手と自分を相対評価で測っています。

では、なぜ楽観主義の人が周りとの関係に対等な意識をもてるのかといえば、**成功するか、しないかは、優秀だとか特別な才能のおかげではなく、必要な準備を具体的にしたからだ**と淡々と考えられるからです。

事前準備をしっかり行ったから、「自分は目的を達成できた。私にできたのだから、そんなことは誰にでもできることだ」と考えます。ですから、周囲と協力して共通の目標をつくり、一緒に物事を達成していくことが苦にならないし、楽しく感じます。つまり「誰でもみんな、やればできる」と思っているのです。

同時に、皆で取り組むことに時間や手間がかかることを知っているからこそ、横道にそれてしまわないように注意しながら、集中して取り組みます。

このような経験を通じて、皆で協力し、成功体験や達成感を味わうという、共同体的な一体感である、いわゆる「絆」を醸成することを経験しており、それを「肌感覚」で身につけ、楽しむことができるのでしょう。

そうした人材に成長するためには、次の5つが大切だと考えています。

(1) 相手が心を開いて話せるような「傾聴力」
(2) 成功を準備するに足るだけの「ロジカルシンキング力」
(3) 相手の立場を尊重しつつ、相手を説得できる「対話力」
(4) 相手に響く、言いたいことが正しく伝わる「文章力」
(5) 週単位で優先順位を見極めた計画立案と実行ができる「タイムマネジメント力」

私もこの5つを常に意識し、入念な準備を通じて「楽観的」であり続けたいと思っています。

6 失敗を繰り返さないための5つの原則

失敗にはパターンがある、と私は考えています。ここで改めて、失敗の原因について考えてみましょう。

大概の場合、理由は大きく2つあると私は思います。

・事実を直視できなかったこと

・作り手の論理に囚《とら》われてしまったこと

では、なぜ事実を直視できなかったのか、なぜ作り手の論理に囚われたのかについて、さらに深く掘り下げてみました。すると、以下に記す5つの要因を抽出することができました。

①周囲のアドバイスを無視しない

人間は、自分を過大評価しがちです。自信過剰だと周囲から適切なアドバイスや忠告があっても、聞いている素振りだけで実際には何も聞こえなくなります。さらに、自分のほうが経験豊富で専門性も優れていると一度思い込んでしまうと、もうその相手が伝えてくれる情報やアイデアを無視し、自分の情報やアイデアのほうが正しいと思い続けることになります。

現場に最も近い人たちや顧客を最も知っている人たちの意見を重視することは当然ですが、それ以外の、たとえ門外漢とされる人の意見でも絶対に無視しない姿勢が大切です。

②感情に流されない

事業撤退や商品の廃番、遊休設備の除却、取引先との取引停止など、特に〝負の遺産〟と呼ばれるような失敗案件に対処するときによく起こるのが、意志決定の内容が感情によって左右されてしまうことです（ちなみに、私は経営判断を行うにあたって何より意志が大切だと考えているので、いつも〝意志〟決定と書いています）。

人間であれば、何とかしてやりたい、もうちょっと何とかならないかと思い悩むのは当然でしょう。しかしそんな感情に流されては物事を悪化させるばかりです。

「大事は理を以て決し、小事は情を以て処す」を心掛けなければなりません。

③鳥の目で見る

鳥（鳥のように全体を俯瞰する目）、虫（現場を歩き、実態を把握する目）、魚（潮の流れの微妙な変化を素早く察知する目）の3種類の目を駆使することが重要です。特に、〝鳥のように高みから全体を俯瞰して見る目〟は大切です。

これまでの成功ばかりに目が向いてしまい、国内外の新たな競合や顧客の新たな変化の潮流を絶対に見落とすことがないようにしなければなりません。独善的で自己中心的な視野の狭さが意志決定を誤らせます。

たとえば、

・決定根拠としたこの情報は本当に正しいのか
・今現在でも有効か、他に見落としている情報はないか
・そもそもずれてしまった当初計画との差異原因は何だったのか
・自部門や全社の目標に対して、この方向性で本当に合っているのか
・軌道修正によってさらに道が逸れるようなことはないのか

など、重要な意志決定であればあるほど、必ず鳥の目でもう一度冷静に全体を俯瞰してみることが大切です。

④相手の立場に立つ

顧客の心の襞に分け入り、琴線に触れるまで顧客の根源的な価値を洞察しなければなりません。何事も常に多様化、進化することを前提に置いて仮説検証を粘り強く、あきることなく実践し、意志決定の精度を高め続けることが必要です。

ここでの〝相手〟はユーザーや消費者ばかりでなく、競合企業や取引先、パートナー、株主そして会社の同僚も含まれます。

⑤判断基準に偏りがない

一世を風靡したＩＴベンチャーが長続きしなかったり、会社同士のジョイント・ベンチャーが失敗するのは、トップ同士の友情を過大評価し過ぎるからだと言われます。お互いに親近感をもち友情があるばかりに、一緒にビジネスをする場合もやりやすいと思い込んでしまうからでしょう。

親密な人間関係が意志決定を左右するのはベンチャー企業だけではありません。適材適所の原則で人事を考えているつもりでも、過去も含めて自分と緊密な関係にある人材のほうが、相手の詳細情報を入手しやすく、次の異動先での貢献イメージが湧きやすいのは事実です。

あなたは友人・知人などに対し、緊密であるがゆえの暗黙の不可侵意識をもつなど、〝緊密さ〟が意志決定を偏らせた経験はありませんか。

我々は、それぞれ社会的なつながりや絆のなかで暮らしています。社内も含めて社会的なつながりは大切ですが、それが重要な意志決定にも影響を与えてしまう危険性も自覚し、誤った判断をしないよう戒めなくてはなりません。

また人間は、組織全体が良くなることよりも自己の保身を優先する傾向が強くなることも自覚しておく必要があるでしょう。

たとえば**専門性や強み、性格が自分と重なる人物に対しては、その相手に負けたくないという思いが出て評価が厳しくなりがち**です。そのため、常にフェアプレイを意識し、高い倫理観を念頭に保ち続けることが重要です。

7 「定石文」で書き出すと課題が見える

23ページで説明した「SAPS手法実践の4点セット」は、それぞれ書き方を定めています。すべての欄に書き方の手本となる〝定石文〟があるのが大きな特長です。役員から一般社員まで、全職種で同じフォーマットを使っており、同じ〝定石文〟を下敷きにして記入しているのです。

たとえば「1Pローリング表」に書いた今週の実行計画が達成できなかったときは、その右側の欄に、成果があがらなかった理由として「◯◯だったため、～ができなかった」と〝定石文〟に沿って書くことになっています。

できたかどうかだけを報告するのではなく、できなかった場合は、それはこういう原因があったからと、原因を次々に掘り下げていき、行き着いた真の原因を書くことになっています。

たとえば、ある業務が計画どおりに進まなかったとします。その理由を考えてみると、「○○さんとの打ち合わせが実施できなかったため」であることがわかりました。ただし、○○さんとの打ち合わせが実施できなかったというだけでは、本当の原因である〝真因〟に到達していません。**原因がわからなければ、当然ながら改善することもできません**。

さらに掘り下げていくと、○○さんと打ち合わせができなかったのは、「○○さんのスケジュールを把握していなかったため」であったことに気づきます。

それを改善するには、○○さんのスケジュールの把握が必要であり、○○さんと定例的に毎週何曜日の何時に打ち合わせをするという約束をしておけば改善できることがわかります。それを、次の計画に織り込んでいくわけです。

これは、トヨタ生産方式のノウハウのひとつである〝なぜなぜ分析〟をルール化したものです。〝なぜなぜ分析〟は問題が発生したときに「なぜ」を何度も繰り返し、物事の因果関係や表面的な原因の奥に潜んでいる真の原因を探り出すという科学的なアプローチ法です。1Pローリング表は、課やグループといった小集団単位で内容を共有し、週1回のミーティングで皆の知恵を出し合い、それぞれの問題を探り当てていきます。

チーム全員で真因を探り出す

一方、達成できたときは「◯◯はできたが、～という新たな狙いを設定した」と書くことになっています。これは目標水準を引き上げるためです。そもそもSAPS手法は、〝ひとつの狙いをもって〟意図的に目標水準を引き上げていくようにしています。その引き上げた目標にチャレンジし続けることで、成長が図れるのです。

新たな目標に到達するには、新たな手法の開発が必要です。そして新たな目標は自分だけのものではなく、チームの全員が納得して一丸となって取り組めるものにすることが重要です。それがチーム力、組織力を高めることにもつながります。

誰が読んでも一目瞭然な文書に

とはいえ、〝定石文〟を作ってまで文体を統一しないといけないのでしょうか。不思議に思われる方もいるでしょう。文章は自分の個性を表現するもの。そんな窮屈なやり方はごめんだ、という声も聞こえてきそうですね。

でも、やはり個々が自由な文体で書くのとでは、効果に雲泥の差が出ます。

会社で使う文書は、誰が読んでも目的と手段の関係などが一目瞭然でわかりやすくまとめられていなければなりません。そこが、小説や詩との一番の違いです。自分流の書き方を放置すると、なかには何を言いたいのかわからないものも出てきます。体言止めを多用して書く人もいれば、主語を抜かして書く人もいるでしょう。

つまり、書き方が定められていないと、過不足なく書ける人もいれば、要旨を織り込んで書けない人も出てきます。バラバラの状態では課題を洗い出して共有することができません。

ただ書くだけで終わってしまっては、本人の頭の中は整理できたとしても、組織の知恵としては使えないのです。その点、決まった書き方をして全員が一瞥《いちべつ》して理解できるようになれば、個人の悩みが各チーム内でたやすく共有されます。それによって周りからの知恵やアドバイスも受けやすくなるのです。

部長など上位層の悩みはその場でアドバイスしづらいものも多いのですが、小集団レベルでは現実的な悩みが多く、周囲からのアドバイスが大きな参考になるものです。

もっとも、新人などでこの定石文を**書き慣れない人は、なかなか本当のことが書けません**。たとえば、「商談のアポをとったが、バイヤーが前の商談に追われて、当社の商談の時間を十分とってくれなかった」などという書き方をしてしまいがちです。確かにそれは事実なのでしょう。しかし、それでは次の改善につながりません。

そんな書き方をすると「週次SAPSミーティング」において、周囲から「それは当社の優先順位を下げられたからだろう」「なぜ最後に回されたのかを考えなければいけない」などという意見が出ます。そうして、皆で原因を深掘りしていって初めて「バイヤーとの人間関係がつくれていない」という真因がつかめるようになるわけです。こうしてチーム全員で真因を探り出し、それを共有していくのです。

8 サラリーマン根性から抜け出す方法

最近はワークライフバランスが声高に言われます。仕事とプライベート双方のバランスを保ちながら充実した生活を送ろう、といった概念です。

でも私は、少し違った考え方をもっています。**仕事とプライベートは常につながっている**ものではないでしょうか。自宅でくつろいでいるときのひらめきが、仕事の問題解決につながったという話を社員からもよく聞きます。実際、ヒット商品の中にはそうしたひらめきから生まれたものも少なくありません。

「Life is Work. Work is Life」と私はよく言っていますが、仕事とプライベートをオンとオフに分けてしまったら、オフの発想をオンで活かせなくなってしまいます。逆も同じで、オンで磨いたことがオフで活かせなくなってしまうのです。だから、仕事とプライベートを区別しないほうがいいのです。

普段から、自分の仕事の問題意識や志が高ければ、自主的に仕事につながる勉強や準備――私はこれを「ホームワーク」と呼んでいますが、決して学校の宿題みたいな意味ではありませんし、残業を持ち帰るという意味でもありません――を皆さんも自然とするものでしょう。

自分の強みを深めよう

ホームワークを習慣化させれば、自分の強みが深まってサラリーマン根性から抜け出せたり、発想が広がったりという公私にわたるメリットがあるはずです。メリットが明確にあるからこそ、自分の裁量でそうした取り組みをする人が増えているのではないかとも思います。さらに、意識してホームワークをすることで、同じものを見ても仕事のヒントを発見できるようになるのでしょう。

たとえば、家族と買い物に行ったときに、ふと新商品のアイデアを見つけたり、ふと訪れた自動車ディーラーで接客を受けているときに自分でも使えそうなセールストークを聞いたりして、思わぬ仕事のヒントを得られることは少なくありません。

ビジネスパーソンは、人生の半分を会社で過ごします。時間を切り売りするサラ

リーマンになってしまっては、人生を楽しく過ごすことができません。皆さんにも
ぜひ、ホームワークを行う習慣を身に付けてください。

第3章

成功するまで諦めないチームをつくる

1 性弱説をもとにお互い見届け合おう

はじめにでも書いたように、私は「人は育てられない、勝手に育つもの」と考えています。

人を教え導き、その考え方を改めさせ、成長させることができる人など、ザラにいるものではありません。もちろん、私もそんなすごい能力はもち合わせていません。だから「人を育てる」などと口にするのもおこがましい。

ただし、経営者のみならず**リーダーにとって人材教育は最重要課題のひとつ**です。だからこそ、〝勝手に〟育ってもらうための環境整備、条件整備を根気よく整えることに専念しているのです。

人は弱い生き物です。私は性悪説ならぬ「性弱説」を唱えているくらいです。

意欲をもって取り組んだ仕事でも、最後まで見届けてくれる人がいないと、ちょっとした躓きで途中でほうり投げてしまいがちです。したがって、お互いが見届け合う仕組みをつくることが、組織全体の実行力を上げることになると思っています。

かつてある雑誌で、どんな社長を目指しているかと質問され、「金太郎飴をなめながら鬼退治する桃太郎のような社長になりたい」と答えたことがありました。私はその理由を十分説明したつもりだったのですが、記者の方には伝わらなかったようで、記事では、社員を金太郎飴のように型にはめ、それを社長である私が桃太郎となって見下しているかのように曲解されてしまいました。

もちろん、私の本意はそういうことではありませんでした。金太郎飴のように、社員全員が同じ価値観を共有する、という趣旨でした。皆が価値観を共有し、同じマネジメントスタイルで仕事をすると、組織としての効果を最大化できるからです。

ひとりでは成し得ないこともできるようになることが、組織で仕事をする一番の醍醐味でしょう。そのためにどのようにして組織効率を上げていくか。それには同じ価値観を金太郎飴のように共有したらいいのではないかということなのです。

なおかつ桃太郎集団は皆、ほかにはない特性をもっています。犬、猿、キジはそれぞれ思考特性も行動特性もまるで異なります。猿に空を飛べといっても無理ですが木登りが得意です。犬に木に登れというのも無茶な要求ですが、鼻が利きます。それぞれの特性を活かし合えるような組織をつくりたいということです。

皆が自分なりの強みをもち、その強みを活かすことのできる組織が、運動能力の高い、本当に強い組織だと思います。

そのために求められるのは、桃太郎となるトップの情報発信力でしょう。私はトップの発する言葉が組織の運動能力を決めると考えています。

毎週、世界に向けてトップメッセージを送る

ユニ・チャームでは毎週月曜日、海外を含めた拠点をつないで「共振の経営実践会議」を開催しています。ここでの冒頭15分くらいを使って私から直接メッセージを発信しています。

毎週、自分の問題意識をもとに発信していますが、もともと部長職以上を対象と

したメッセージですから、若い社員は背景を知らず理解できない箇所も多くあります。そのため、先述のSAPSミーティングでは、私のメッセージをリーダーに解説させる時間を設けています。私が発した考え方や方針を、現場の社員の腹の中まで落とすことが彼らの役割です。それも部下が完全に納得するまで徹底するよう頼んでいます。

その解説に毎週15分くらいはかけているようです。リーダーが部下の顔色を見てわかっていないないなと思えば、30分かかることもあります。ここが「共振の経営」のキモとなるところですから、しっかりと時間をかけています。

なお、メッセージを文字に起こしたテキストを日本語版は会議開催前に、英語版は金曜日までに社内イントラネットにアップしています。英語圏以外は現地で翻訳させており、翌週の月曜日までにアップしています。

夢を実現させるためのメッセージ

この毎週のトップメッセージは、土日で話すテーマを決め、原稿を作成してから臨みます。たとえ15分とはいえ、毎週となればきついものがあり、テーマを決めても、それをどういう順番で、どのように話せば私の本当の思いを伝えることができるか、毎回、うんうん唸りながら考えています。

なぜ、そんなしんどい思いをしてまで毎週発信し続けているかというと、それが社長である私の最も大切な仕事だと思うからです。

私が口癖のように言っているのは「社長なんて何もできない。ナプキン1個、おむつ1個売れない存在だ」ということです。そんな**社長にできることと言えば、夢を語ってそれを全社員と共有すること**しかありません。そもそもSAPS手法を導入したのも夢を実現させるためでした。

私は10年後、会社はこうなるという長期の展望を社員に向けて発信しています。そのとき自分はどういう役割を担っていたいか考えてくださいとも言っています。この10年後の展望を社員と共有することは、社員の自己開発の大きなモチベーションにつながっているはずです。

私ももちろん、社員は皆、ユニ・チャームという舞台を使って成長してほしいと心から願っています。そのため、毎週、その夢を実現するために障害となっている問題、改善すべき課題、挑戦してほしいことを中心に語っているのです。

来年の一文字に込めた思い

毎年末、次の年に目指す方向性や仕事の方向性を「来年の一文字」として漢字一字で表しています（次ページ）。自分なりに一年先の流れを見通し、中・長期経営計画と連動した内容です。漢字にしたのは、現地採用の社員が多い中国など東南アジアの国々でもなじみがあるため。字に込めた思いは各国語にも訳しますが、一字であればシンプルで覚えやすいでしょう。

トップにとっても先見力が問われる気の抜けないメッセージです。

中長期計画との連動や一年先の見通したうえで決められる
「来年の一文字」

年	一文字	込められた意味
2002	**発**	自発、発信、発揮、発展、出発、啓発
2003	**全**	全員参画、全力、全社、完全、全う、コミットメント
2004	**率**	“全”員が主体的にリーダーシップを“発”揮し、“率”先垂範でSAPS手法を実行して、第6次中期経営計画「SAPS計画」の初年度スタートダッシュ！
2005	**愛**	“全”員が主体的にリーダーシップを“発”揮し、“率”先垂範で「SAPS手法」推進！　国内外の全員が相思相“愛”の一枚岩となり、”愛”のエンジンで本気の一生懸命になろう！
2006	**夢**	“全”員が主体的にリーダーシップを“発”揮し、“率”先垂範で「SAPS手法」推進！何ごとにも本気で相思相“愛”の一枚岩となり、共通の“夢”に向かって突き進もう！
2007	**交**	“全”員が主体的にリーダーシップを“発”揮し、“率”先垂範で「SAPS手法」推進！相思相“愛”の一枚岩となり、共通の夢をもち、心の底まで届く“交”流力で長期経営計画「グローバル10」に向かって突き進もう！
2008	**青**	“全”員が主体的にリーダーシップを“発”揮し、“率”先垂範で「SAPS手法」推進！相思相“愛”の一枚岩となり、共通の“夢”をもち、心の底まで届く“交”流力と“青”雲の志を胸に、“ブルーオーシャン”に向かって漕ぎ出そう！
2009	**楽**	【苦中楽あり】と【楽観主義】で環境変化や課題にチャレンジし続け、“本当の楽しさがわかった！と振り返ることができる1年にしよう!!
2010	**風**	【正しく風を読み合い、正しく風を変え合う】“創造と革新”に満ちた1年にしよう！
2011	**焦**	高まるチャンスへの健全な焦りと、中期経営計画「Blue Sky計画」へ焦点を絞り込み、艱難辛苦を乗り越えて、達成感に満ちた1年にしよう！
2012	**専**	一人ひとりが10年かけても成し遂げたいと渇望する【専攻】テーマに【一意専心】で集中し、【世界最先端の専門家集団】として【龍の翼】を獲得し【専業国際化】を推進して「いつかは世界一」への足掛かりを得る1年にしよう！
2013	**伝**	全社員が【以心伝心】で顧客の声なき声を聴き、全ての場面で互いに【伝】えあい・【伝】えきり、差別化を卓越のレベルにまで磨き続けよう！　そして、言葉や文字では【伝】えきれない「共振の経営」の真髄を【伝】承しよう！
2014	**自**	ユニ・チャームグループ全員で、【自主独立と協働の精神】による計画遂行と（志、経済、心と身体の）“3つの豊かさ”の両立を実現しよう！
2015	**初**	初志を貫き、自分初・世界初を追求しよう！
2016	**尽**	国内外の“これから”の顧客を意識して【3つのDNA】（尽くし続けてこそナンバーワン／変化価値論／原因自分論）を“縦横無尽”に実践し、善を“尽”くし、美を“尽”くそう！

2 リーダーシップとは、つまり親心である

究極のリーダーシップはオーナーシップにあるというのが私の考え方です。オーナーシップをわかりやすく言えば、「親のような愛」となるでしょうか。

私がユニ・チャームグループのオーナーだからそんなことを言うのだろう、と思われるかもしれません。もちろん、私自身も、オーナーシップをもって命がけで経営に取り組んでいます。そこからは「熱い怒りのようなエネルギー」さえも生まれてくることを自覚することがあります。

そのエネルギーを、皆さんにも体験してもらいたいのです。

それには、リーダー一人ひとりが、担当しているチームのオーナーであるとの意識をもつことです。

オーナーシップをもつ**手始めは、部下に興味をもつこと**でしょう。というのも、

オーナーシップはある意味で「愛すること」によって生まれます。親が子を思うように、部下のことを愛する。しかし、興味がないものを愛することはできません。部下がどんな趣味をもっているのか、休日は何をして過ごしているのか……。あなたはどれだけ部下のことを知っているでしょうか。

オーナーシップの発動は、それを知るところから始まるのです。

逆に、部下は上司のことをよく知っています。なぜならば上司を見る目の数が違うからです。なかでも「上司が昨日、あんなヘマをやった」などという悪い情報は、他愛のないものから深刻なものまで、すべてシェアされていると考えて間違いありません。

宴会などで、部下はよく上司のものまねをしますよね。学校の先生も同じですが、ものまねされるということは、それだけ一挙手一投足を観察されているということなのです。

本気で一生懸命になれば「愛」が生まれる

後段（158ページ）で、私が新任取締役だった時代に当時の先輩取締役から徹底的にしごかれた話を紹介しますが、それがどんなにつらくても耐えられたのは、先輩取締役の方々の指導に愛が感じられたからでした。

言葉の端々から、決して個人の感情で「怒って」いるのではなく、私のために「叱って」くれていることが伝わってきたのです。どんなに厳しい指導でも愛情が伝われば、受ける側も素直に聞くことができるものです。

私はあらゆることに本気で一生懸命になることが「愛」だと思っています。相手の立場に立ち、何事も結果を招いた原因はすべて自分にあるという「原因自分論」で考え抜いて、双方のベストにたどり着こうとする気持ちが「愛」なのです。

ユニ・チャームでは、**個人の能力を引き出せなかったり、業績が上げられなかった場合、個人の能力不足とは考えません**。それらはすべて経営側に責任があると考えています。だから、これまで個人の能力主義や成果主義を採用したことはありませんし、今後も採用するつもりはありません。それは当社がオーナーシップを重視した経営を行っているからできることだと思っています。

当社は社員の個性を尊重し、長所を伸ばす人材育成を目指しています。これを「豆は豆として、米は米として育てる」と私はよく表現します。

そして、能力開発の目標レベルは「右腕」ではなく「分身」と考えています。優秀な部下を指して「彼は私の右腕」といいますが、実のところ、それは「ポイント・スキル」を保持しているレベルではないでしょうか。

目指しているのは、自分と同じ『成果につながる思考&行動のパターン』をもった「分身」づくりなのです。

この、成果につながる思考&行動のパターンを学び、成果を出し続ける人材に育て上げるには、ビジネスパーソンの人生を大きく3つのフェーズに分けた「守・破・離」という段階に応じた対応が肝要です。まず、入社して5年から10年は与えられた仕事をきちんとこなして結果を出す「守」のフェーズです。この段階では、成功する手法や仕組みなど、定石を守ることが求められます。

その後の15年から20年は管理職として、環境の変化に応じた臨機応変な対応や仕組みを超えた新しい枠組みを創造する「破」の段階に至ります。そして最後の入社20年から30年では、それまで磨いてきた「成果につながる思考&行動のパターン」を駆使してさらに飛躍していく「離」の段階です。この段階にくると、海外の責任者として送り込むエース級です。

このように成長段階に応じて仕事を割り振るのと同義ではありますが、**立ち直れないような失敗は絶対にさせません**。

一般的に、失敗は成長の肥やしと言われます。それは事実でしょう。とはいえ、限度があります。すぐに立ち直れる範囲の失敗は良い経験となりますが、生涯にわたって傷跡を残すような失敗は本人をスポイルするだけです。

当社は海外においてまだ撤退した経験はありませんが、もし撤退せざるを得ないような事態に陥れば、責任者は立ち直れないくらいのショックを受けることでしょう。昔と違い、いまはどの国においてもビジネスの規模が大きくなっています。そのようなつらすぎる体験はさせたくないのです。

だから、海外に責任者として送り込む人材は、私が観察して、この人間なら大丈夫と太鼓判が押せるまでになってからです。そのため、入社20年クラスのエース級の人材を投入することになります。そのうえで、赴任当初はしっかりとフォローします。

国内でも、ちょっと荷が重いかなという仕事を若い幹部に任せたときは、徹底的にOJTによるコーチングを行います。それによって大怪我をさせないようにしているのです。

過保護と思われるかもしれませんが、それがオーナーシップに基づいた親の愛だと思っています。

3 熱すぎていい。親身なＯＪＴこそ育成の王道である

私は、人材育成は常に現場における業務を通じたＯＪＴ（オン・ザ・ジョブ・トレーニング）によってのみ機能すると考えています。知識や一般的なスキルを習得するには、研修やｅラーニングなどのＯＦＦ　ＪＴが効率的ですが、本当に業務で役に立つ、**業績達成と人間的な成長に直結した学習は実践からしか得られない**ものだからです。

この「現場での実践」を機能させるには、経験豊富なリーダーからの「親身なＯＪＴ」が欠かせません。そのため、私は執行役員や部門長には「部下の人生に立ち入る勇気をもってほしい」とよく言っています。「親の愛」があればそれは当然のことでしょう。

「親身なＯＪＴ」は「熱すぎるかな」と思うくらいでちょうどよいと思っています。熱血指導など時代にそぐわないなどと考えてはいけません。

私は「人が生まれもった能力には大差はない」という人生観をもっています。スポーツや芸術の世界ならいざ知らず、総合力がものを言うビジネスの世界では、才能の差が結果を変えるケースはごくわずかです。たとえある分野で才能が劣っても、ビジネスの世界では他の分野を一生懸命頑張ることで足りない部分を補えるからです。

人材育成に王道はありません。ＯＪＴの繰り返しによって部下の才能が花開くのです。これは国内でも海外でも同じだと考えています。

2か月間の社長のカバン持ち制度

ユニ・チャームの上司の仕事の8割方は、部下に対するＯＪＴです。

当社は大規模な研修所ももちませんし、特筆するような教育カリキュラムもありません。新入社員には1か月間だけ集団研修を施しますが、それ以外の特別な教育システムはもちません。教育・指導は、ほとんどＯＪＴによっているのです。

だから、人材教育会社の人たちなどからは「ユニ・チャームのやり方はウチの会社のヒントにならない」とよく言われます。何しろ「人は勝手に育つもの」という考え方が根底にあるわけですから、合宿セミナーなどでの短期育成をモットーとする人材教育会社の考え方とは相容れないものがあるのです。

もし**人を感化できるとしたら、それは一緒に仕事をすることによって生まれる「以心伝心」しかない**と思います。

いま30歳から35歳くらいの社員たちに2か月間交替で、戦略担当秘書という肩書きで私に張り付かせています。もっとも戦略担当秘書とものものしいのは名称だけで、実際はカバン持ちのような存在です。

固有名詞で具体的な判断を伴うような人事案件は席を外させますが、その他の執務はすべて同席させ、車や電車での移動も同行させます。その年齢では出られない会議に全部出席でき、通常だと顔を見ることもできない社外のトップクラスにも会えるわけです。会議資料もすべて配布され、いま会社の経営陣の間で何が議論されているか、全部聞くことができます。

しかし、聞いてもまず内容の半分もわからないはずです。会議でわからなかったことは全部宿題にして、その日のうちに理解できるように勉強させます。

こうして背伸びをさせると同時に、私が語る内容をすべて聞いているため以心伝心ができてくるのです。すると、なぜ私がそのような意志決定を行ったのかも、おぼろげながらわかってくれると思います。

彼らには毎日、レポートを書かせているほか、会議中の私の発言等はすべてノートを取らせますから、1週間に1冊くらいはノートをつぶすことになります。それによって私の考え方が擦り込まれてくるのです。

この戦略担当秘書制度は、3年継続して20人くらいに経験させる予定にしています。10年後、20年後に彼らがどのような成長を見せてくれるか、いまからとても楽しみにしています。

4 部下と張り合っても メリットはない

部下と張り合う上司は、愚の骨頂です。まして部下に尊敬されたいと思って行動するなどは論外です。部下のほうが上手にやれることは、部下にやってもらえばよいのです。上司が部下と張り合っても、何のメリットもありません。

多くの上司に見られる勘違いは、仕事はチームでするものだということを忘れ、自分であれもこれもと、全部やろうとすることです。

かつて、オーナーの二世や三世がトップになったとき、どんな注意が必要か、インタビューを受けたことがありました。若い後継者であれば、当然、社内には年上の幹部がたくさんいます。後継者は、そうした古参幹部たちとどのような関係をつくればよいかと聞かれて、私はこう答えました。

「そんな**優秀な部下がいるなんて心強い**じゃないですか。経験の浅い後継者を助けてくれるわけだから。自分がまだできないことはそうした人たちにやってもらえばいいのです。二世や三世は、オーナーの息子というラッキーな星の下に生まれたからトップになれたに過ぎないんです。社長の座を実力でつかんだわけではないのだから、若くて経験がないうちはそうした優秀な人たちに助けてもらうことです。間違っても、勝とうとか、尊敬されようと思ってはいけません」

これは、私の本心からの言葉です。事実、私はトップになってからも、年上の部下に任せられるものはすべて任せてきました。部下となってからもその方々を尊敬し、目の上のタンコブなどと思ったことは一度もありません。だからこそ、39歳の若造でも会社の業績を落とすことなく勤め上げられたのだと思っています。

部下に負けないための努力はムダなこと

時には、リーダーが部下と競争して、負けることがあってもいいと思っています。たとえ仕事の一部分であっても、上司に勝つということは、部下にとって大きな自信につながるからです。そのようなパートを増やしていくことが、ある意味でリーダーの務めといえるでしょう。

たとえば尊敬している上司に「お前はすごい」と言われたとすると、おそらく生涯忘れることはないでしょう。そのくらいの成功体験となるのです。**部下に成功体験をもたせてあげる存在が上司**です。「お前にはかなわないなあ」という負け上手の上司は、部下の意欲を引き出します。

ところが、実際は逆で、部下が伸びてくると張り合って、上司はすごく努力してしまうものです。上司の能力からすると、部下に絶対負けたくないと思ってその気でやれば、努力によって負けずに済むはずです。

しかし、上司は本当にそこで努力すべきなのでしょうか。

それよりも、部下にかなわないパートは部下に任せ、自分の得意分野に時間を割いて、さらに能力を磨くことのほうがチームにとって有益でしょう。それなのに、まじめな上司ほどそこで努力してしまいます。

苦手な分野を社員に任せるために、時には自分の弱みを社員にすべてさらけ出すことも必要でしょう。組織内でメンバーそれぞれの苦手分野、得意分野がはっきりすると、それをチーム内で補い合えるようになります。上司が自分の弱みをさらけ出してその手本を見せれば、部下も自分が苦手なことがあれば言ってもいいんだと思うようになります。

弱みを直視するのはすごくつらいことです。しかし、弱みをさらけ出せない上司には誰もついてくることはありません。

一方、「おれはこの方面は苦手だから頼むよ」という関係がチームのなかに築かれると、チームとして強くなれるのです。

上司も部下も、苦手な分野と得意分野をチーム全員が知っている状態にもっていければチームはより活性化します。

5 リーダーは好かれようとしてはいけない

欧米企業の採用・育成に対する一般的なイメージは、〝「強い個」の集団〟であり、手間暇かけて人材育成などせず、優秀な人をヘッドハンティングしてくる、というものではないでしょうか。しかし実際には米ゼネラル・エレクトリックなどでも知られるように、欧米企業も丁寧に人材を育成していて、経営を担う幹部の大半は内部昇格組です。

欧米企業の人材育成は、基本的にいわゆる軍隊式かもしれません。部下にとって上司の命令は絶対であり、いかなる理由であっても失敗の言い訳は許されません。そうして私心を廃した無心の状態にあってこそ、物事の本質にたどり着くことができ、より価値ある「個」への成長が始まるということなのでしょう。

努力しているうちに、自分が会社の一端を確実に担っているという実感が湧きますし、自分が会社を支えているというプライドも生まれます。そうしたプライドをもつ人は、個人的な利益や上司の評価ばかりを気にはしません。

彼らにとって達成できずに中途半端で終われば、それは何もしなかったことと同じです。だからこそ、彼らの考える「良い上司」の定義は、日本人の一般的なそれとは少し違っています。具体的にいえば、次のような条件になるでしょう。

(1) 部下に好かれようとしない
(2) 部下に無理難題を押し付ける
(3) 常に難題に挑戦し最後には成功し、きちんと結果を出す

上司が部下に無理を言うのは、基本的には部下を育てるためです。そして、その無理難題を何とかやり切った先に必ず成功があり、努力が報われるように上司は仕事を設計しています。だからこそ、無理難題をふっかける上司を部下は尊敬するのです。逆に、その人にやれそうもない課題を与えたりはしません。すると、ストレッチされた部下は後からその有り難さに気づき、上司があえて好かれようとしなくとも最終的には好かれるのだそうです。

一般には、今までより大きな役割を担ってもらうことで、その人の成長を促そうとする際に「権限を委譲する」と言いますが、正確には**「責任委譲」されたときに、部下の成長が加速する**のだと思います。

通常、権限でなく責任だけを委譲する無責任な上司は非難されがちですが、本質的にはそれを意図的に行っている上司の元にいたほうが、部下は育つのではないでしょうか。上司から答えを与えられるより、同じ答えでも自分で苦労して見つけるプロセスのほうが本人にとってはるかに有意義です。部下にいかにして考えさせるか、を意識して仕事を与えることが上司の重要な役割なのです。

しかし、部下に考えさせて成果があがるまで辛抱強く見守ることは、上司にとって非常につらいことです。ただし、そのほうが部下は大きく成長しますし、辛抱した分だけ上司も成長することは間違いありません。

そもそも人材育成の本質は、組織や個人の価値観の伝承であり、ものの見方や考え方を伝えることだと考えています。上司たるもの、このような場合にはこのような考え方で、このように判断し、このように行動するという一連について「背中を見せる」ことで部下に伝えることが大切です。

6 取り組むべき課題に優先順位をつける

ユニ・チャームでは売上や利益の目標ではなく日々の行動を管理し、結果よりプロセスを重視することで目標に必達するＳＡＰＳ手法を実施しています。第１章の23ページでも触れたとおり４つのツールがあるのですが、ここでもう一度振り返って、最初のＯＧＩＳＭ（Ａ）表の活用法から少しご紹介しておきましょう。

・ＯＧＩＳＭ（Ａ）表

：事業計画要旨一覧表。各者がそれぞれ事業計画をＡ４用紙１枚にまとめたものをグループで共有し、戦略遂行に活用する。「緊急性」と「重要性」で課題の優先づけを行うためのフォーマット。

・１Ｐローリング表

：半期の重点課題を今週の重点にまで細分化して、課題を克服するための１

週間ごとの行動計画を練るためのフォーマット。

・SAPS週報

：週の行動計画を実現するため、毎日30分単位での行動スケジュールを記入するための専用フォーマット。

・週次SAPSミーティング

：小集団（課やグループ）を最小単位として、「前週のパフォーマンス」を検証したうえで「今週の重点」を確認・徹底し、全員で共有するために毎週月曜に開催している会議。

OGISM（A）表は「緊急性」と「重要性」という2つの軸から優先順位の高い課題を抽出するツールです。「Objectives（目的）」「Goals（達成目標）」「Issues（課題）」「Strategies（戦略）」「Measures（判断基準）」という流れで1枚のシートに記載していく〝行動計画書〟です。各階層がすぐ上の階層とともに討議しながら記入していくことで、3つの効果が生まれます。

第1は、強力な戦略構築ツールになります。全社戦略、部門戦略、個々人の戦略に一貫性が通るよう徹底してムダ・ムラ・ムリをそぎ落とします。

第2に、戦略を全員で共有するコミュニケーション・ツールになります。作成プロセスそのものがコミュニケーションの活性化につながります。

第3に、PDCA（Plan, Do, Check, Action）のコントロール・ツールになります。1年、半年単位で作成した戦略が実行まで矛盾なく練られているか、チェックできます。


また、OGISM（A）表は自分自身のために作成するだけでなく、周囲の協力を得るために作成する側面があります。ですから、論理的にわかりやすく書けていなければいけませんし、重要施策が一目でわかるよう優先順位がはっきりしていなければいけません。さらに、成功するための施策が具体的で、**助けてあげたくなるような表現ができていなければならない**のです。

これを作成するだけでも、相当なトレーニングになります。同僚や部下の内容にアドバイスするようにも言っているので、建設的な意見が言えるようにもならなければいけません。

半期の業務計画を立てるOGSIM（A）表への記入項目

テーマ	項目
Objectives（目的）	売上・利益など期間内の達成目標
思い込みを排除し、客観的な数字を用いる!→	目標策定の根拠
	（1）現状分析
	（2）環境変化予測
リスクを回避し、チャンスを活かす準備を!→	（3）生じうるリスクとチャンス
Goals（達成目標）　**さらに数値目標を因数分解→**	数値目標
	計画の要点
Issues（課題）　**優先順位の高い順に!→**	数値目標を要素分解した個別課題5つの対策
	課題の総括
Strategies（戦略）	Issues 欄で挙げた個別課題克服の戦略
	戦略の総括
Measures（判断基準）	Strategies 欄の戦略の進捗を確認する判定基準の決定
Action Plan & Programs（行動計画表）&財務目標・財務 KPI ／達成目標・達成 KPI	半期の数値目標を細分化 **数値化しにくい部門では戦略目標におきかえる!**
	達成目標の細分化
	戦略目標の細分化

7 行動計画にアドバイスを出し合えば無駄が減る

前項で紹介したOGISM（A）表をもとに個人ごとに今週やるべきことを具体化するフォーマットが「1Pローリング表」です。求められた成果を出すために、今週やるべきことを具体的な行動計画に落としていきます。

ユニ・チャームでは、月次で1枚のワークシートを使います。問題解決の4つのステップである「問題の発見」→「原因の分析」→「それに対する意志決定」→「実行策」までを抽出します。

このとき、目標達成のためには何を解決しなければいけないかを具体的に考えます。ここが大切です。仮に上司から指示された仕事がうまく進んでいないとすると、その理由がどこにあるのか、できないパターンの類型化をしてはっきりと理解させます。それを書く欄も決まっています。

半期の目標達成に向け週単位の行動計画にまで落とし込む

1Pローリング表の記入ポイント

専用フォームに毎週記入して確認する内容　：記入時の"定石文"事例

①先週の重点の反省
：「○○だったため、～ができなかった」「○○はできたが、～という新たな狙いを設定した」

▼

②実施しなかった理由・成果があがらなかった理由
：「○○だったのは、△△のため」「～という狙いを設定したのは、××のため」

▼

③今期目標に向けた今月の重点進捗・課題（今月解決する課題と克服方法を記入）
：「△△を解決するためには、～する必要がある」

▼

④今月目標に向けた今週の実行計画（今週の行動計画を記入）
：「何を誰と（どのレベルまで）……する」

前述のとおり、解決できなかった問題について、なぜ解決できなかったのか、5回くらい「なぜ」と深掘りしていくと、本人だけでは解決できない問題であることが判明することも少なくありません。

そこに上司を交えた「週次SAPSミーティング」のなかで議論する意味が出てきます。真因まで掘り下げさせるので、それが理解できるようになるわけです。

この表に、できたことは特段書きません。課題の解決にフォーカスします。

毎週4、5時間を費やすSAPS手法の実践

〝仏つくって魂入れず〟ということわざがありますが、実は企業の新しい制度のなかには魂が入っていないものも少なくないのではないでしょうか。**新しいシステムや制度は、それを考案し、導入することよりも、定着させることのほうがはるかに難しい**のです。定着させるには繰り返し言い続けることしかありません。

当社も昔は、1Pローリング表でなく日報を書くよう習慣づけられ毎日提出していたものの、終わったことの報告でしかありませんでした。それが今は、「結果がこうなったのはこんな理由からだから、来週こんなふうに動きます」と報告する。反省を踏まえた新たな行動計画にも上司がアドバイスできる点が日報との大きな違いです。

「1Pローリング表」と、それを元に書く「SAPS週報」の記入には、毎週最低でも2時間はかかります。「週次SAPSミーティング」まで入れると毎週4～5時間は費やしている計算です。デスクワークにそんなに時間を使うくらいなら、お得意先を回ったほうがいいと思われるかもしれませんが、緻密で効果のある実行計画をつくっておけば、実際の行動でムダを省けるから結果的には効率が上がるので

す。

「SAPS手法」は仕組みとしてはとても手が掛かるものです。その面倒くささが自己管理の徹底を生むわけですが、その**必要性を納得しきちんと実行させるためには人の感情に訴える**必要があります。

実際、2003年に導入したときには、それまでの日報を中心とした報告書のほうが良かったと、抵抗感をもつ人が少なくありませんでした。いや、少ないどころか、多くの社員はなぜこんなことをやらなければならないのかと反感を抱いたかもしれません。人間は保守的で、新しいことを取り入れる際は本能的に抵抗を感じるからです。

反発をおして導入し徹底してもらうには、そもそも「SAPS手法」が正しいものでなければなりません。正しいかどうかの十分な検討もせず、トップの気まぐれや思いつきで導入したシステムは、導入はできても定着はしないのです。そのため、当初はSAPS手法の正しさとそれによる効果をしつこく説いていました。

正しい行動をするためには、直面している課題を理解し、正しい改善策を立てるための時間を惜しんではいけないと思っています。

8 チームの成果を週次で棚卸しすれば必ず目標は達成できる

ＳＡＰＳ手法を導入する前は、月次を基準に評価していましたが、いまは週単位です。外資系企業の多くがそうであるように、そもそも月次をワンサイクルとすることは、もはやグローバル標準ではありません。日本でも小売業は以前から週次でマネジメントをされています。上場企業の決算開示も現在は年4回になりました。世の中全体がスピードアップしているのです。

週次マネジメントの最大の効用は、年52回、ＰＤＣＡサイクルを回せることにあります。月だと12回しか回せません。ＳＡＰＳ手法は本格的にスタートして13年になりますから、すでに６００回以上、ＰＤＣＡサイクルを回してきたことになります。

以前、タイで稲作を指導している人についてテレビで取り上げられていました。その人が言うには、タイの農民は日本の3倍の速さで米作りを習得するそうです。

なぜかというと、タイでは3毛作ができるからです。1年に3回、米をつくることができるから、1年で日本の3年分の経験が積めるというわけです。

SAPS週報から見えてくること

同じように、PDCAサイクルは回した回数分だけ成長の差が出ます。究極的には毎日でもやればいいのですが、現実には週単位が最適でしょう。

「SAPS週報」を見ると、業績の良い人と悪い人では内容がまったく異なることに気がつきます。たとえば営業の場合、業績の良い人は移動や資料作成など付加価値を生まない時間をギュッとどこかに集約させています。さらにこういう手順で商談すれば絶対うまくいくという勝ちパターンを得意先ごとにつくっています。

逆に**業績の悪い人は、ムダな時間をあちこちでつくり出しています**。たとえば、商談に出向いたがキーマンであるバイヤーに会えなかったというようなことです。そうしたことが「SAPS週報」で上司には見えてくるのです。

「SAPS週報」は、原則として金曜日の午前中までに提出することになっています。上司や同僚もそれをシェアするため、読む時間をつくるためです。

それをもとに、毎週月曜の朝に「週次ＳＡＰＳミーティング」を原則として１０0分かけて行います。そのミーティングにも型があって、一番のポイントは、売上ほどの実績がどうだったかは詰めないことです。

各人の先週できなかったことが書かれてある「１Ｐローリング表」を見てアドバイスするとき、重要なことは相手のレベルに応じたアドバイスにすることです。経験を積んだ人にしかできないようなことは、新人へのアドバイスにならないからです。

自己流は組織力をもたらさない

もうひとつ重要なことは、自己流に陥らないことです。会社として掲げた方針をもとに計画がつくられているわけですから、それ以外のことをやって、たとえ売上に貢献してもあまり意味がありません。

自己流のやり方は共有できません。自己流で業績を上げたとしても、いつまでたっても組織は強くなれません。凡人集団のユニ・チャームは組織力を上げていくことに重点を置いているので、「週次ＳＡＰＳミーティング」を特に重視しています。

もちろん、オリジナリティは悪いことではありません。しかし、それはまずベースがしっかりとあったうえでの話で、**オリジナリティはプラスアルファに過ぎません**。それがユニ・チャームの考え方です。まずはメインのプロセスで型をしっかり築くことが大切なのです。

メンバーは提出されたものを読み込んで当日、参加します。「週次ＳＡＰＳミーティング」は皆が準備して出席することが大事です。その事前準備のなかで自己学習ができるからです。メンバーにはメール等で送られますが、上司はそれをプリントアウトして、気がついたところに赤字を入れています。実際、新人の「ＳＡＰＳ週報」は赤字だらけになりますが、それを見ることで逆に部下はちゃんと見てくれているのだと安心するようです。

このように、アドバイスを計画段階で受けることで、計画の精度が高くなるのです。それを実行して、うまくいかないところが出てくれば、また計画を立て直し、それを翌週の計画に反映させる。そのシステムをグルグル回していく仕組みになっています。

毎週月曜に情報共有するSAPSミーティングの3つの会議体

会議名	開催	議長	参加者	会議内容
共振の 経営実践会議	毎週月曜 13-14時	高原社長 または 役員	部門長職・ マネジャー 以上	高原社長の講話後、事前に指名された部門長が1Pローリング表とSAPS週報を発表し、参加者も含めて議論し計画を見直す。
部門SAPS ミーティング	共振の 経営実践 会議後、 60分程度	部門長	マネジャー、 一般社員	高原社長の講話を伝え、4つの教本（ユニ・チャーム語録／マネジメント・ハンドブック／共振の経営実践マニュアル／実践・販売力強化のすすめ）を読み合わせる。マネジャーが1Pローリング表とSAPS週報を発表し、優先順位が高いテーマや上手く進んでいないものに絞ってアドバイスし合う。
小集団SAPS ミーティング	部門SAPS ミーティング後、 100分程度	マネジャー	各チーム員	高原社長の講話を伝え、マネジャーが今週の重点課題とそれを克服するための行動計画を発表し、各メンバーから1Pローリング表とSAPS週報を公開して改善点をチェックし合う。

9

１００点と99点の差は∞《無限大》である

仕事において、１００点と99点の差は何点でしょうか。

１００引く99だから、1点に決まっている、というのは算数の考え方です。仕事において、その差は無限大なのです。仕事の１００点とは、主体的に設定した目標を１００％達成することと、その業績達成に用いたノウハウを形式知化し、社内で横展開することです。

仮に99％のところまできていても、完遂しノウハウを社内で共有して横展開できるまでに至っていなければ、できていないのと同じことです。経営者として、取り組む過程は評価しても、１００点満点をあげることはできません。

当社では、株主総会直後の取締役会で全取締役から今後1年間のコミットメントを発表します。当社の取締役の任期は1年で、そのコミットメントを１００％達成できなければ、再任されることはありません。それは私も同じです。

そのくらい、みずからのコミットメントに対する責任感とプライドをもっているということです。軽はずみなことは口にせず、計画の立案には確かな根拠と論理性の裏付けがあるのです。

コミットメントは後述する「ユニ・チャーム語録」において次のように定義しています。

「命がけ」の約束の意味。挑戦目標・試行目標とは異なり必達目標である。「コミットメント」宣言をした目標については、0・1％の未達成も許されない。万が一にも未達成の場合はビジネスパーソンとして絶命するときである。

いかがでしょうか。〝絶命〟とは穏やかな表現ではありませんが、それくらいコミットメント、つまり「有言実行」に重きを置いているということです。事実、当社の社員は皆、「コミットメントしたことは絶対に達成しなければならないこと」と強く認識しています。

だからこそ、積極的な海外展開が図れ、介護用品事業やペットケア事業を現在の規模にまで拡大できたのだと思います。

100点の仕事をするために最も必要なのは「絶対達成主義」に立つことだと思っています。「どんなことがあってもやり抜くんだ」という気持ちをもち続けることです。その気持ちがあればこそ、途中で困難に出合っても、実行計画の適切な再検討を図り、それを詳細な行動計画に因数分解して、達成まで忍耐強く粘り抜くことができるのです。

「執念をもって仕事に取り組み、100点が出るまで諦めない」気持ちがあれば、ビジネスの世界では誰でもが100点を取れると思っています。

10

「プランB」があれば臨機応変に対応できる

立てた戦略の誤りに気付き、見直しを行わなければならない場合は、早急にやらなければなりません。正しい方向に向かわせるのであれば、それは「朝令暮改」になっても構わないと思っています。

会社全体の戦略は、大勢の知恵を集めじっくり時間をかけて立てていますから、そう簡単に変更することはありません。しかし、現場レベルでは計画変更は日常茶飯事のはずです。

そのとき、もう一度ゼロから練り直していると時間がかかってしまいます。計画を再構築している間に競合他社に根こそぎもっていかれるという事態にもなりかねません。

そこで、計画を立てる際、次善策も立てておくことが有効です。実行する計画が「プランA」とすれば、「プランB」に当たるものです。

できたことを書いても意味はない

たとえば、ある販促策を実行しようとしたとします。それはもう完璧と思えるものだったのですが、何らかのトラブルが勃発して実行できなくなれば、それに変わる販促策を早急に打ち出さなければなりません。

ところが完璧と思っていた（多くは思い込みに過ぎない）策だっただけに、もう一度ゼロベースで練り直すには時間がかかるものです。そんなとき、最初の販促策の次善策もある程度練っておいたらどうでしょう。すぐにでもそちらに変更がきくことになります。

最初の策が計画どおり実行できれば、くたびれ損になるものだけに、「プランB」を考えるモチベーションは上がらないかもしれません。しかし予想しがたい変化が起こり得るニューノーマルの時代においては、そんなリスクヘッジ策も必要なのです。

また、**「プランB」を創造するために頭を使うことは、訓練にもなる**はずで、かたちは変わっても次回に必ず活きてきます。

当社が活用している「1Pローリング表」にはできたことは書かず、できなかったことを書くことになっています。要するに悪い報告だけをするということです。前述のとおり、当社ではＳＡＰＳ手法の導入にあたって、営業の日報を取りやめました。営業の日報はできたことばかりを書いてしまう傾向があったからです。できたことを書いたところで、裏に潜んでいる問題の発見や解決になりませんし、新たな目標の設定にもつながりません。

報告はバッドニュースから

「報告の順番は悪いことが先」

これは報告の鉄則ですから、覚えておいて損はありません。

複数の報告があるときは悪いことを先に言う。悪い兆候が見えたら、いい兆候よりも早く報告するということです。

同じように、自分の失敗に気づいたらまず報告することを心がけることです。

学生気分が抜け切れていない人ほど、これができません。学生時代は失敗しても誰にも恥はさらさず、誤魔化してしまうことができました。でも社会人はそうはゆきません。

ただし、**悪い報告をするときは代替案をもって臨む**ことが大切です。

上司は「できませんでした」などという実況報告なんて聞きたくないのです。報告に続く、部下の意見こそが聞きたいのです。そしてそのことを習慣化させたいと思っています。

だから「○○社の担当者とトラブルが発生しました」などという悪い報告をする際は、必ずそれを取り返すための策を考えてから報告することです。それもプランBが却下されたときのためにプランC、プランDを用意しておけば万全です。

キャリアが上がって責任ある地位につくにつれて、リスクヘッジを考える習慣がついてきます。代替案を考えるということは、その習慣を若いうちから経験することでもあり、自分がリーダーになったときに大いに役立つはずです。

11 失敗を共有しやすい雰囲気をつくろう

失敗からは、学びを得やすいものです。失敗したあとは、反省のうえに立って謙虚な気持ちで原因分析ができるからです。逆に成功したあとは慢心が出がちで、たまたま運に恵まれて成功したに過ぎない不完全な戦略であっても、あたかもそれが完璧なものであったかのように思い込んでしまう場合も少なくありません。そんな戦略を成功要因と見誤り、次回も同じことを展開すれば当然、痛い目に遭うことになるでしょう。

だから、**成功よりも失敗を教訓にして、次に活かす**ほうが会社は強くなれるものです。やってはいけないことが明確になり、さらにそれを全社で共有することで、同じ間違いを防止できるからです。

このように私は〝失敗の効用〟を重要視していることから、SAPSミーティングでは、「計画どおり進んでいないことを報告してほしい」とよく言っています。皆が集まって情報を共有すべきことは、成功事例や自慢話ではなく、失敗事例にあると確信しているからです。失敗を共有することで、組織に危機感をもたせ気の緩みを防ぐ効果も大きいものです。

ただし、失敗を語ることは、誰しも抵抗があります。多くの人はできるだけ自分がおかした失敗は隠したいと思うものです。みずからの失敗を語ることが組織のためと考え、平然と口にさせるには、それを当然とするような社内風土づくりが必要です。

そのため、ユニ・チャームでは失敗の責任を個人に負わせないことを徹底してきました。そうすることによって、社員は「責任を追及される」恐怖心がなくなり、失敗を隠さず口にしてくれるようになるのです。

それを習慣化させるためのツールが、ここまで何度も登場してきた「1Pローリング表」です。ここには失敗した場合、必ずその内容と理由を書き込むよう義務づけています。

あえて過去の失敗を社員に開陳

また、「失敗のなかにこそ教訓がある」という私の考え方を全社員に広めるため、あえて設置したのが、社内研修施設内にある過去の失敗事業を紹介するブースです。

２０１０年に当社創業の地、愛媛県四国中央市にあった工場を老朽化で移転したことに伴い、翌年、創業50周年を記念して、跡地に研修施設「ユニ・チャーム共振館」を建設しました。館内には創業から今日に至るまでの歩みを、トピックごとに９つのカテゴリーに分けて展示しています。新入社員は研修の一環として必ずここを訪れることになっています。

展示の中で異彩を放つのが、失敗事業のブースです。幼児教育事業や結婚相談事業など、勇んで立ち上げたものの成功に至らず撤退を余儀なくされた事業の、撤退までの経緯を紹介しています。もちろんこのコーナーは、私の要望でつくったもの。たとえ社員しか入館しない施設とはいえ、「失敗事例」をまとめて展示するような企業記念館は他にはないと思います。

失敗を恐れ、難易度の高い仕事に挑戦する気概をなくした組織には成長はありません。経営者はむしろ、**失敗を奨励するくらいでいい**と思っているのです。

12 勝ちパターンを磨き、スピードアップする

ユニ・チャームは、2020年の売上高1兆6000億円を目標にしています。直近の2015年度売上高は7387億円、売上高営業利益率は10・8%と、ここまで14期連続の増収、9期連続の増益を達成してきましたが、これをさらに2倍以上に伸ばすアグレッシブな目標です。

達成するために最も重要なことは、同質化によるスピードアップだと思っています。同質化というのは、ステレオタイプになるということではなく、**勝ちパターンの磨き方を普遍化する**ことです。

勝つためには何が必要なのか、自分は何を成すべきなのかをできるだけ演繹的に考えて実行し、これを同質化することによって、競合よりもいち早く潜在需要を手にすることができると考えているのです。

そのために社員を500人単位の組織に分け、それぞれの組織単位が主体的に目標を設定し、意志決定を行う仕組みをつくりました。適正規模のなかで効果を最大限にすることでスピードが生まれるからです。同質化して勝ちパターンを磨き続け、スピードアップする。これができれば必ず世界一になれると私は確信しています。

私は「人間は誰しも秘めた能力を有しており、これに大きな差はない」という人間観に基づいて経営しています。しかし、時と場合によって「成果をあげた人」と「成果をあげられなかった人」に分かれてしまいます。

あげられた成果の差は、もっている能力を開花させることができたかどうかの違いと、やる気を充実させていたかどうかの違いの掛け算だと思っています。もちろん、大きな成果をあげた人は十分に能力を開花させ、はち切れんばかりにやる気に満ちている人です。

〝理想とされる価値の本質〟を明らかにする

共振の経営の実践やSAPS手法の運用は〝勝てるルールを創り出す〟ことが狙いですが、それは本質に戻ることも意味しています。**古くて新しい課題を解決でき**

ないのは、本質にたどり着いていないからです。課題の可視化や解像度を上げただけでは、わかりやすく因数分解しただけに過ぎません。課題の本質を見極めたことには必ずしもなっていないのです。

それは過去から現在まで、起こっている現象を並べただけであり、〝理想とされる価値の本質〟を明らかにしたものではありません。その価値の本質こそ企業やブランドが顧客に約束するものであり、その約束を実現するために必要なのがイノベーションと呼ぶに値する〝際立つ差別化〟なのです。

過去に縛られることなく、絶えずみずからを変革し「勝ちのパターン」の見直しを図っていかなければなりません。

成功するためには、失敗した要素を抽出し、それを一つひとつ潰していくことが定石となります。そのカギはコミュニケーションの改善にあると思っています。

コミュニケーションの改善ポイントは、次の3つにあると思います。

① まず相手の話を聞くことから始めること（途中で口を挟みたくなっても極力

我慢する）

②　自分が発信したことではなく、相手に伝わったことをその場で確認すること（その後のメールを使ったフォローアップなどの際、必要なら面倒でも訂正しておく）

③　フェイス・トゥ・フェイスがベストコミュニケーション術であることを自覚して、なるべくそれに努めること（懇親会を開催する場合もローテーションを工夫してなるべく多くの人と顔を突き合わせて話ができるようにする）

この3つを意識すれば、コミュニケーションは大幅に改善され、勝ちパターンの構築もスピードアップできるはずです。

13

採用では3つのことを重視する

「人の能力には大きな差はなく、後天的な努力によって成果の差が生まれる」というのが、当社の人間観です。しかしながら、鍛えることが難しい〝資質〟もいくつかあるため、採用ではその点をよく見るようにしています。

そのため、私は毎年、どんなに忙しくても新入社員の最終面接には必ず出席します。当社に入社を志望する皆さんはユニ・チャームを大変よく研究しており、質疑応答も実にハイレベルです。そんななかで、私が面接時に気をつけて見ているのは、**素直さ、勤勉さ、克己心の３つ**です。これについては国内外を問いません。

そもそも、何百分の一という関門をくぐり抜け最終面接にまで到達した人たちですから、基礎能力の十分高い優秀な人ばかりです。皆さんとも素直ですが、話している間に素直さのレベルに少し違いを感じることがあります。ごくまれに、自分自身の勝手なこだわりをもちすぎている人もいます。だからといってそれだけで採用を見合わせることはないものの、やはり素直な人は人の話を吸収するので成長しやすいのです。どんなに素晴らしい学歴をもっている人であろうと、真っ先に判断するのは素直さです。

勤勉さについては、学校の成績でおおよそのところがわかります。私はクラブ活動に青春を捧げました、ボランティア活動に重点を置いてきました、など、それはそれで構わないのですが、そのことが学生の本分である学業を疎かにしてきた言い訳であっては本末転倒です。成績が良いことは勤勉さとともに、3つ目の要素である克己心を備え、オンとオフをきちんと分けた学生生活を送ってきた証と言えるはずです。

克己心は己に打ち勝つ力という意味ですが、最近はあまり使わないようです。自立心と言ったほうが社内で理解されやすく、そう呼び換えることも増えています。特に最近の女性は、オンとオフをはっきりさせ、つらいときでもきちんと勉強して己に打ち勝っている人たちが多いことに感心します。だから、成績だけで採用を決めると、女性が8割になってしまうのがいまの実情です。

しかし、会社には男性も必要です。職場にも女性が向いている職場、男性が向いている職場などいろいろあります。よく、窮地においても踏ん張って伸びるのは男性のほうだと言われますが、そんなことを言っているのは皆、男性ばかりですから当てになりません。

ちなみに私は、少なくとも経営には性差はあまり関係がないと思っています。実際、最近は経営者でバリバリやっている女性も少なくありません。それよりも個体差のほうが大きいように思います。

この**3つの資質が強い人は、ユニ・チャームで施す後天的な擦り込みによって共振人材の6要素が必ず伸びてくる**ものです。

後天的な擦り込みは、まず成長を促す良い習慣をつけさせることです。何事も習慣化しないと身に付きません。その習慣のなかには、行動面と思考面の習慣があります。

成長を促す行動習慣を具体的に言うと、1つ目は、**主体性を強くする**ことです。これは「10年キャリアビジョン・キャリアプラン」を主体的に書くように指導することにも関係します。初めての仕事に立ち向かうとき、あるいは何かわからないことが生じたときに、人に教えを乞うことは悪いことではありませんが、その前に自分で知る努力をする行動習慣をもつことが欠かせません。それが主体性の強さの表れだと思いますし、自分の人生に自分で責任をもつ気概や確固たる信念につながります。

2つ目は、**人脈づくりの行動習慣**です。人脈づくりに熱心な人は、自分にないものを他人に求め、発信力をもち自分自身を客観的に見ることができるものです。学生時代は気の合う者同士、類似性のある人たちでチームができます。しかし、会社に入るとそうではない上司や先輩とも付き合わなければなりません。そのためには、常に自分を客観的に見ると同時に、性格や趣味嗜好が自分と合わない相手とでも積極的に付き合うことです。そのことが、自分にプラスになるという意識をもっておくことです。それを習慣化することによって、結果的に人脈づくりがうまくなるのです。

３つ目は、**常に腰を軽くしておく**こと。フットワークが軽ければ、たとえば本も会社が買ってくれないから読まないなどとは言わず、自分で自分に投資して必要な本を自費で買って勉強するでしょう。資格や技術を身に付けるために学校に通うのも同じです。そうした自己投資を惜しまずみずからを高める機会があれば積極的に足を運ぶ、上司に命じられたことはつべこべ言わずにすぐに行動に移すことが、若いうちの成長を促します。自分自身に真摯であって愚直に取り組むことがフットワークを軽くし、成長を促す行動習慣につながります。

こうした３つの行動習慣をもつために必要な思考習慣にも３つあります。

まず、素直に何かから学んでいこう、すべての機会を成長につなげていこうとする姿勢です。

２つ目は、何かを命じられたり仕事を任されたときに、表層的な理解ではなく、目的からきちんと理解することです。あるいは、その仕事の本質的な価値をまず考える習慣をもつことは大切です。

３つ目は入社したときの志望動機や、会社に入って最初に頑張りますと言ったときの初心を忘れないことです。楽な仕事など、この世にはありません。ユニ・チャームの場合なら、コーポレートビジョンであるＮＯＬＡ＆ＤＯＬＡや社是に謳っているように、赤ちゃんからお年寄り、さらにはペットまで、生きとし生けるものの「不快を快にすること」を理念としています。その理念を常に忘れないようにしなさい、ということです。

ビジネスパーソンは往々にして、自分の仕事の意味や成果物に貢献感をもてなくなったりします。だからこそ、常に初心を忘れないことを習慣化すれば、仕事がつらくて虚無感に襲われそうなときも気持ちを立て直しやすくなります。

第4章

チーム力を底上げするコミュニケーション法則

1 言葉の定義をシェアすると理解が深まる

ユニ・チャームでは全社員に「ユニ・チャーム・ウェイ」というシステム手帳を配布しています。ここには「共振の経営実践マニュアル」や「マネジメントハンドブック」などの10種類の冊子が収められており、社員は業務中、常に携帯することになっています。

日本語ばかりでなく英語はもちろん、中国語やタイ語など現地の言葉に翻訳されています。しかも**どの言語でも、同じページに同じ項目が書かれるよう工夫**してあります。

だから、海外の社員と話をするときに、「マネジメントハンドブックの◯ページにあるように」などと意志疎通がたやすく図れます。

この冊子の中で最も頻繁に活用されているのが「ユニ・チャーム語録」（121ペ

ージ）で、当社の社員として身に付けるべき思考特性や行動特性を解説する用語が現在、４４７項目記載されています。その数はいまも増え続けており、「経営戦略に関する58項目」「自己開発に関する72項目」「組織開発に関する58項目」などがあります。

たとえば「有言実行」という項目では、当社における解釈なども含めて次のように解説しています。

自分の目標、計画、やらなければならないことを公言して、それを実行し成果をあげることが重要。一般に言われている不言実行のスタンスではビジネスマンとしては失格である。

このように社内で用いる言葉を定義することによって、社員によっての認識の違いやブレを防ぐことができるのです。特にリーダーは部下指導の際に「語録の何ページにあることについて、あなたはどう理解して実践しているかを聞かせてほしい」などと効果的に使っています。そうすることで、全社員の共通理解が図れ、指導がブレずにすむのです。

コミュニケーションの格差が業績格差に

最近よく、当社の共振の経営やSAPS手法をベンチマークしたいという企業が来社されますが、私はまず「ユニ・チャーム語録」のように、社内で使われている言葉の統一から始められてはどうでしょうかと言っています。あるいは、トップが発信している言葉を文章に残し、何かにつけ参照することもいいでしょう。

それだけでも、社内のコミュニケーションは大幅に良くなるはずです。

私は、**コミュニケーション力の格差が企業の業績格差を生む**とまで考えています。

言葉の統一化がコミュニケーション力を高め、マネジメントを容易にするカギとなるのです。そうでないと、部下との間で言葉の定義をひとつずつ結んでいかなければならなくなります。それをやらなくてもいいということが、当社のリーダーの大きなアドバンテージになっていることは間違いありません。

「ユニ・チャーム語録」の一例

言葉	意味
コミットメント	「命がけ」の約束の意味。挑戦目標・試行目標とは異なり必達目標である。「コミットメント」宣言をした目標については0.1%の未達成も許されない。万が一にも未達成の場合はビジネスパーソンとして絶命する時である。
トレードオフ	何かを重視して取り上げれば、逆に他の何かを捨てなければならぬとの考え方である。OGISM（A）の課題に優先順位をつける場合、何を捨てるかを決めることが重要である。
有言実行	自分の目標、計画、やらなければならないことを公言して、それを実行し成果をあげることが重要。一般にいわれている不言実行のスタンスではビジネスマンとしては失格である。
変化価値論	変化こそ新しい価値を生む。自ら変化することによって自分自身が成長し、その結果業績（成果）があがる。
インテリやくざ	評論や批評や講釈だけを言い、自らは何もしようとしない人（評論や講釈では何も変わらない。何も生まない）。

2 常に前向きなチームをつくる「3現主義」と「3K主義」

ユニ・チャームでは「3現主義」と「3K主義」という言葉を大切にしており、社内でよく使われています。

「3現主義」とは、「①現場、②現物、③現時点」ということで、この3つをベースに改善を進めようということです。これを、無視した改善などあり得ないと考えています。

「現場」と「現物」はおわかりでしょうが、当社は現場感をことさら重要視しています。私も海外に赴いたときは必ず、消費の現場となる現地の家庭を訪問したり、街角の小さな小売店を見て歩きます。

その地に住む人がどのような日常生活を送っているのか、現物である当社製品がどのような扱いを受け、どんな売れ方をしているかを肌感覚でつかむためです。

そのリアルな事実を己の耳目で知ることによって、**経営判断に欠かせない直感力**

が磨かれるのだと思っています。

「現時点」は、情報は鮮度こそが重要であり、過去の情報はあてにしてはいけないということです。1年前には通用したことが、いまでは役に立たないということが頻繁に起こり得るのがニューノーマルの時代です。従来は勝ちパターンだと思っていたノウハウも、現時点では逆にそれが負けパターンとなっていることさえあり得るのです。

少なくともエアコンのきいた事務所でパソコンを眺めているだけでは、現場感覚は絶対につかむことはできず、的確な意志決定もできないことは明白です。

「3現主義」はトヨタ生産システムを導入するための活動から学んだ言葉ですが、現在では生産部門のみならず全部門、全階層の社員に徹底させています。

「絶対達成主義」に立って考える

一方、「3K主義」とは「①決めたことを、②決めた通りに、③キッチリやる」ということです。「(誰かに)決められたことを、(誰かに)決められた通りに」やっていては成長できません。自分で決めたことを、自分で決めた通りにやるところに意義があるのです。自分で決めたことだからこそ、途中でどんな障害に出合ってもそれを乗り越えようという強い意志が生まれるのです。

キッチリやるということは「絶対達成主義」に立って物事を考えるということです。何事も「これを100%完全にやり抜くぞ！」という決意をもって主体的に取り組む。それを習慣化することほど強いものはありません。

そのため、当社では前述したように、「SAPS手法実践の4点セット」である「OGISM（A）表」「1Pローリング表」「SAPS週報」「週次SAPSミーティング」という型の実践を通じて全社員に「自分で考え、自分で判断し、自分で行動する」習慣と能力を身に付けることを促しているのです。

3 PNルールを徹底すれば直言しても大丈夫！

私は、入社1年目の社員でも、意見を言える環境が理想だと考えています。コンセンサスを得るためでなく、課題解決のためのベストソリューションが選ばれるような議論を尽くし、具体的な実行計画へと昇華させることが重要です。それが正しい戦略策定の方法だからです。

キャリアや立場を問わず、**全員が公平に意見を戦わせる機会を通じてこそ最善の意志決定が行える**。そのような士気の高い健全な組織へとどんどん進化し続けることを期待すると社員に伝えています。

ただし、上下を問わない活発な議論は、時として摩擦を生むこともあります。それが感情の行き違いとなって、のちのちまで良好なコミュニケーションの大きな阻害要因になるのもよくあることです。

遠慮せずズケズケとものを言うことは良いことですが、人間は感情をもった生き物ですから、**〝ものの言い方〟を学んでおくことも、ビジネスパーソンにとって欠かせない教養**でしょう。

そこで、ユニ・チャームでは、議論をしたり相手の提案に対して意見やアドバイスを述べたりする際には、必ず「ＰＮＩ」の順で行うことをルールとしています。

ＰＮＩとは、Ｐ＝Positive／Ｎ＝Negative／Ｉ＝Interesting の略です。

Ｐ：まず相手の発言をポジティブに受け止め、良いところを探しましょう。
Ｎ：次にネガティブ要素を洗い出しましょう。
Ｉ：最後にこのアイデアをもっと良くする、面白くする方法を考えましょう。

具体的には、こんな感じでしょう。

Ｐ　◯◯のところはとてもいい方法だね。
Ｎ　でも、□□の点は少し気になるな。
Ｉ　△△は面白いから、ちょっと掘り下げて考えてみようか。

PNIルールは、ボストン・コンサルティング・グループの御立尚資さんの『戦略「脳」を鍛える』（東洋経済新報社）という本に出てくる方法です。良いやり方なので、直言するときはPNIルールでやろうと社内でルール化したわけです。

優れた人材とは上司への直言も、自分の信念をもってしっかりできる人のことを言うのだと思います。そのとき、上手な〝ものの言い方〟を身に付けておくと、その直言がさらに効果を上げることは言うまでもありません。

4 協働する風土をつくるための「ほめ法則」

成長を実感させる最も手っ取り早い方法は、ほめることでしょう。特に若い人はお客様や上司・先輩にほめられることで、自分の努力の正しかったことが証明され、モチベーションがさらに上がることになります。

協働する風土もお互いを尊敬し、いいところはほめることによってつくられると思っています。

リーダーは部下に成功体験を積ませることとともに、部下の意欲を高めるための〝ほめるマネジメント〟を心がけることが大切です。

ただし、何でもかんでもほめればいいというものではありません。**本人が力を入れてきたところ、学んだところに注目してほめる**ようにすべきです。というのも、本人にとって自分が一番光っていると思っているところを、認めてあげることが重要だからです。

自分にとって思わぬところをほめられることも、もちろん嬉しいでしょうが、どこか物足りなさが残ります。人は何といっても自分がほめてほしいと思うところをほめられることが一番で、そこをほめてあげることで、意欲も高まるのです。

ほめることで、恐怖心を和らげることもできます。人間は本能的な恐怖心をもっており、それがもとで力が発揮できずにいる人が少なくありません。

ほめて認めてあげないと、怖さからチャレンジを避けるようになり、自分の不安を打ち消すために、必要以上に資料を用意するなどムダな時間を費やしがちです。営業であれば、まず商談相手に対する恐怖心をなくさせないといけません。

恐怖心がなくなって初めて「それならもう少し突っ込んだ話をしても大丈夫」という勇気が湧き、遠慮せずにズバリと言えるようになるのです。それが成果につながることは言うまでもありません。

いいところをまずほめる。それによって、不安を解消させる。そのあとで気づいた改善点を教えてあげる。それによって、部下も上司のアドバイスを素直に聞けるようになります。

順境に流行る5つの病

このように人間関係の潤滑油となるとともに、意欲を高めさせるほめ言葉ですが、その弊害も十分に知っておかなければなりません。

当社ではそれを「順境に流行る5つの病」として厳しく戒めています。この5つの病は、私が座右の書としている明治・大正時代の教育者、新渡戸稲造による『修養』（実業之日本社、タチバナ教養文庫）という本の「人生の危機は順境で起こる」という章に書かれてあることです。

・傲慢　うぬぼれて他人を見下すようになります
・怠惰　努力を怠るようになります
・恩義、信義を忘れる　これまで周囲の人から受けた恩を忘れ自分の力を過信するようになります
・不平不満が多い　慎みの気持ちを忘れ、自分の待遇等への不平不満が増えます

・調子に乗りすぎる　深い考えもなく、しなくてもよい、あるいはしてはならない軽はずみな行動をとりがちになります

この「順境に流行る5つの病」は自覚症状が乏しいためにやっかいです。それを防ぐには適切な対処法を習慣にし、上手な自己管理が必要になります。

5 プライベートも熟知してこそ解り合えることがある

最近、お酒を遅くまで付き合ってくれる社員が少なくなりました。若者向けの居酒屋も来店客が減っているそうです。みんなでお酒を酌み交わす文化そのものが薄れてきているのかもしれません。

ただ、私は古い人間なのか、お酒の場の効用を強く感じます。お酒が進めば口も滑らかになり、人間関係が一歩進んだような気がするのです。

そこで、短時間でもざっくばらんに話ができるように、**飲み会では最初に乾杯をしかける**ようにしています。コップを手にし、みんなで大きな声で「乾杯」と言い合うと、それだけで場が盛り上がり、話が弾むことになるからです。

このことは、私の最初の海外赴任地である台湾の現地法人でも経験したことです。当時、同社は社員が２００名を超えるまでに成長していましたが、大きな赤字を出すなど業績面では厳しい局面にありました。

私は30代前半でしたが、まずは同社の一員として認めてもらおうと、とにかく現地社員の輪に飛び込んでいくようにしました。仕事のあとに、倉庫の片隅で酒盛りをしながら夜遅くまで議論しましたが、それは壮絶な飲み方をしたものです。台湾での「カンペー（乾杯）！」は文字通り、杯を飲み干すことを意味します。あちこちで「乾杯！」の声が上がると、お互いに遠慮がなくなり本音が出てきます。「なぜ、あんなことをするんだ」とか「台湾には台湾の事情がある」など、東京にいては絶対に耳に入らない話がポンポンと飛び出しました。このような対話を増やすことによって、徐々に彼らのなかに溶け込んでいくことができたのです。その結果、私が台湾を離れる頃には業績も回復させることができました。

共振の経営に欠かせない飲みニケーション

社内の飲み会では、プライベート面にも恐れずに立ち入ることです。そのほうが相手のコンディションをつかめるからです。せっかくざっくばらんに話せる機会なのですから、普段はあまり話題にならない話もするべきです。

飲みニケーションはコミュニケーションを大切にする共振の経営を実践するうえで欠かせないと考えています。課やグループ単位で、毎月1回は懇親会を実施することを義務づけているほどです。その費用も年間予算を確保しています。

飲みニケーションは単なる親睦のみならず、社員の心理面に配慮し、孤立させない仕組みでもあります。だから、リーダーには職場では話せない悩みや要望を聞くことをミッションとして課しています。**部下のプライベートも知っているからこそ解り合えることもある**からです。

飲みニケーションにおいては、自己開発の仕方や人脈のつくり方、知識の蓄え方など、いまやっている仕事と直接関係ない相談も多く出ることでしょう。それに対し、上司はこれまでの経験から親身になってアドバイスすることです。

すると、目標に向かっての気持ちの持ちようが大きく変わってきます。単に会社への貢献を強調されるときとは、その後の意欲がまるで違ってくるのです。

私も月に一度、若い社員数名と飲み会を開いています。全員でワンテーブルを囲みプライベート面まで含めて集まった全員と会話し、議論を交わします。

この場には、若い社員たちの上司は参加させません。毎日顔を合わせる上司がいれば、彼・彼女らが言いたいことも言えなくなるからです。だから、私は上司も知らないような若い社員のプライベート面についてもよく知っています。実際、上司たちからよく驚かれるほどです。

意外に思われるかもしれませんが、**上司が部下のプライベート面まで立ち入る効用は、日本に限ったものではありません**。海外でも現地社員のプライベート面までよく知り合うよう指示しています。

東南アジアの新興国ではジョブ・ホッピングをして、少しでも賃金が高い企業に転職することが当たり前に行われています。しかし、ユニ・チャームの海外拠点にいる社員には「あの人が上司でいるうちは辞めません」という人も少なくありません。それはお酒の場だけにかかわらず、上司が現地の部下のプライベート面まで親身になって指導しているからだと思います。

6 上司や先輩から受けた恩は部下や後輩に返す

時折、部下や後輩の不出来を愚痴る様子を目にします。これは「自分には育成力がない」と公言しているようなものです。

そんなときは、自分の新人時代を思い出すことです。自分を育ててくれた上司の顔や、当時受けた指導を思い出してください。過去を振り返り、将来をイメージすることは、人間としても会社・組織としても大事なことで、それが初心を忘れないことにつながるのです。

ユニ・チャームでは、新人には箸の上げ下ろしまで手取り足取り指導することが社風になっています。部下が出してきたレポートは赤ペンを入れて何回も書き直しをさせますし、「今日は仕事にふさわしい服装をしていない」などと服装にも口出しします。何かにつけノートやメモをしっかり取ることも、上司が率先垂範したうえで指導しています。

上司や先輩方から受けた恩を、本人に直接お返しすることももちろん大事です。しかし、部下や後輩への根気のよい親身な指導をもって、お礼に代えることのほうが望まれていると思います。

上司の世代と現在の若者世代では、子供の頃の遊び方からして違いがあります。野原を駈け回り、膝を擦りむくことを勲章とした私たちの世代と、家の中でゲームをして遊んでいた世代は同じように考えることはできません。だから、自分たちのモノサシで若い社員を計ることはやめなければなりません。

というのも10代から見れば30歳はもう完全なおじさん、おばさんです。でも50歳から見たら、30歳は若手ですよね。同じように、相手のことは、いま現在の自分に軸足を置いて考えてしまいがちなのです。それを防ぐには「常に相手の立場に立つ」ことを枕詞のようにして常に意識することです。現実に実行するのはなかなか難しいのですが、**相手の立場に立ってすべてを考える**ことは、自分を客観的な目で見ることにつながっていきます。

尽くし続けてこそナンバーワン

当社の社員に徹底していることに「尽くし続けてこそナンバーワン」という言葉があります。

これは、変化こそが新しい価値を生むという「変化価値論」、物事の原因と責任はすべて自分にあるとする「原因自分論」とともに、創業当初から企業文化・精神として脈々と受け継がれてきたもので、ユニ・チャームの〝3つのＤＮＡ〞と呼ばれています。

「常に最高の満足をお届けできるよう尽くし続けてこそ、ナンバーワンになれる」という意味で、本来、消費者やお得意先を念頭に置いた言葉です。尽くし続ける行為が認められることによって、結果として売上や利益が自分たちのところに戻ってくるという意味です。この精神は、人間関係にもあてはまります。

上司は部下が最高の満足を得られるまで尽くし続ける、部下は上司が最高の満足を得られるまで尽くし続ける。常にその精神をもつことによって、素晴らしいコミュニケーションが誕生するのだと思います。

7 海外法人にも共通の価値観・同じスタイルで接する

一般的にグローバル化というと、「海外の売上構成比のほうが国内より大きい」「社員の多国籍化が進んでいる」「英語が公用語化されている」といったことを思い浮かべられると思います。ですが、私の考えは少し違います。

私の考える**グローバル化とは「どの国にあっても共通の価値観に基づいて、同じスタイルで経営をすること」**です。

これは共振の経営を推進することや、ユニ・チャームの共通言語である「ユニ・チャーム・ウェイ」の浸透を意味し、非常に重要なことだと思っています。

今後のグローバル全体における市場環境変化の共通のキーワードは、①都市化と、②先進国型消費へのシフトでしょう。世界には現在、都市人口が５００万人を超える都市がすでに60以上存在し、２０３０年には１００を超える見込みです。

しかも、そのほとんどが中国、日本、インド周辺で増えていきます。これは、大きな事業機会です。今後はこれまでのように国単位で市場を見るのではなく、都市単位で顧客分析する必要があるでしょう。

そして、都市部への人口流入と同時に農村部の高齢化が進み、若年層、富裕層を中心とした能動的な購買行動によって、流通チャネルのオムニ化が新興国の都市部においても進んでいくに違いありません。

いま、当社では仕事のやり方を大きく変えてくれる若い社員が増えています。

彼・彼女らはパソコンやスマートフォンといったデバイスや、ＳＮＳなど情報技術の進化がもたらした多様なツールを駆使して、より顧客価値創造へつながる仕事を目指しています。意欲と感度と能力をもった人材です。その共通点は、努力を厭わず、自立しており、これまでの常識とされてきたやり方に疑問をもち、新しいやり方を試みているところです。

会社の務めは、そんな社員たちが真価を発揮しやすいような環境整備や資源配分を、いままで以上に、より積極的に行うことだと思っています。

熱い思いをもつ人を海外に送り込む

海外で仕事をするときは、日本とは比べようがないくらい時間と手間がかかります。海外に赴任する人によく言うのですが、**日本で100の力をもっている人でも、初めての土地では7割程度しかその力を発揮できません**。国内でもこれはと見込んだ実力ある人材を送り込みますが、皆そうです。

赴任先で求められる成果が100だとすれば、赴任前の日本では120〜130ぐらいの成果を常時出せるようなレベルにまで能力を磨いておくことが必要です。語学力ももちろん大切ですが、仕事での専門性や自分の強みを最大限に高めておくことです。そのほうが海外でともに働く同僚たちの信頼を獲得し、教えを請われる立場になりやすく、仕事のしやすい環境へと近づくと思います。

日本人同士で話していても、互いに理解し合えないときがあります。このような問題を解決するには**コミュニケーションの頻度、質、手法などを工夫する**ことです。最も有効な手法はフェイス・トゥ・フェイスでダイレクトに話をすることですが、当然さまざまな制約があり、場合によってはメールでのやりとりで済まさねばならないこともあるでしょう。そのときに重要なのは、言葉を結晶化させて相手に自分の意志を伝えることです。

その意味で、当社の社員が毎週提出しているSAPS手法の「1Pローリング表」は言葉の商品化の訓練として最高のツールだと思っています。限られた文字数という制約の中で考えるので、結果的に言葉がシンプルになり、ムダなところがそぎ落とされるからです。


ユニ・チャームはグローバルに世界中どこに行っても同じ考え方、同じマネジメントスタイルで経営ができます。それを実行できる人が6要件をもつグローバル人材だと考えていることは、はじめにでお伝えしました。

今後も、ユニ・チャームらしいものの見方、考え方を体現し、それを現地で一緒に働いてもらう人たちに移植できる、熱い思いをもつ人を世界に送り込みます。それによって、ユニ・チャームが目標とする「世界一の企業」になれると考えています。

第5章

成長に欠くことのできない土台とは

1

成功のカギは素直さと好奇心にある

唐突ですが、あなたは自分のことを「素直」な人間だと思いますか。

若いときは、他人とは違っていたいという一種のアマノジャクな志向が働いたりして、ちょっと斜に構えた人間に憧れをもつものです。でも実は「素直さ」ほど、人生においてもビジネスにおいても、成功をもたらしてくれる重要な資質はありません。

というのも、素直な人はどんな相手と接してもまずその人の良い点に目を留めるので、自然と敬う気持ちが表にあらわれます。そんなふうに敬意を表してくれる人には、相手も胸襟を開いて接してくれます。

また、素直な人が窮地に陥ったときは、周囲が放っておきません。誰彼となく救いの手を差し伸べ、気がつけば事態が好転していることも少なくないはずです。

ただし、「素直さ」というのは、**右を向けと言われたら何の疑いもなく右を向く**

ことではありません。自分が足りないところを素直に認め、人の教えを素直に受けて、自身の成長を図ることを言います。

何でもやってみる、経験してみる

また、素直さと同じぐらい大切なのが「好奇心」です。人は誰しも多かれ少なかれ保守的な考えをもっていて、変化を好まないものです。新しいことや不慣れなことはできれば避けたいと思うのが普通です。

しかし、たとえば海外に行くと、日本では常識であり当たり前だと思えることが、ことごとく通用しなくなります。むしろ驚きの連続！です。日本では「言わなくてもわかる」はずのことが、海外の人にはちっとも理解してもらえません。ちょっとした身振りでも、自分の意図とは逆の意味で伝わってしまうこともあるくらいです。

そのときに不安を感じるのではなく、**「なぜだろう⁉　面白い！」と好奇心をもって楽しめるか**どうかが、自分の心のうちにあるストレスをマネジメントすることにも直結します。

どんなことでも「まずはやってみよう！　経験してみたい！」という好奇心を大切にしてください。そして、小さな失敗をたくさんするかもしれませんが、そこから立ち直る術も身に付くというものです。

これは仕事だけのことではありません。私生活においても「何でもやってみる、何でも経験してみる」という貪欲さを大切にしてみてください。

たとえば、食べたことのない物を食べてみる、飲んだことのない物を飲んでみる、話したことのない人と会話してみる、行ったことのない土地へ行ってみる……。例を挙げればキリがありませんが、**行動習慣や行動範囲というのは意識しないと限定されやすい**ものです。最近そういう〝新しい〟挑戦をしたかなと思い起こすと案外少ないのではないでしょうか。

もちろん、そこで苦い経験もたくさんするかもしれません。それはそれでいいのです。いわゆる〝ケガをした経験〟が少ない人よりも、あなたは人として強くなっているからです。

2 心を支える3つの軸をもつ

フィギュアスケートの浅田真央選手が、1年間の休養を経て競技の世界に戻ってきました。久々の実戦で少し苦戦もしているようですが、2018年の平昌オリンピックを目指すことを明言しましたし、心から応援したいと思います。

前回のソチオリンピックで日本人にとって印象的だったシーンのひとつが、浅田選手のフリープログラムの演技だったのではないでしょうか。私はちょうどヨーロッパ出張中で日本国内の空気を直に感じることはできませんでしたが……。ショートプログラムが痛々しいほどの惨敗に終わり、長年の夢だった金メダル獲得の望みがほとんど潰えたにもかかわらず、フリープログラムでは8回のジャンプをすべて成功させシーズン最高ともいえる演技を見せてくれました。その感動は、多くの人にとって生涯忘れられない記憶になったと思います。

演技後、彼女は「自分の望んでいた演技ができました。これまで支えてくれた人たちにも恩返しができました」と語っていました。その演技の素晴らしさはもちろんですが、たった一夜で気持ちを立て直した浅田選手の心の強さに、世界の人々は金メダルに値するほどの最高の賛辞を贈ったのではないでしょうか。

3つの軸をバランスよく充実させる

心の強さとひと言で言っても、突発的だったり不幸な出来事に平常心を保ったり、折れてしまった気持ちを再び切り替えようと鼓舞することはそう簡単ではありません。スポーツに限らず、皆さんも仕事や日常生活でなんらかの経験があるのではないでしょうか。普段から備えることができるのなら、「心の準備」をしておきたいですよね。

では、「心の準備」とは具体的にどのようなことでしょうか。それは、**自分の心を支える軸をしっかりともつ**ことだと思います。

人間の心を支える軸は3つあると言われています。

1 「自分だけの世界」の軸

：哲学でも趣味でも、自己完結する世界をもつ。

2「親しい人たちとの関係」の軸

：家族や親族、友人、そして会社の仲間など気の置けない人間関係を広げる。

3「目標に対する達成意欲」の軸

：仕事でも地位でも収入でも趣味でも、具体的でかつ〝自分でここまで〟と決めてしまっている「枠」からはみ出すような、挑戦的な目標を設定する。

この3つの軸をバランスよく充実させておけば、どれかひとつが揺らいでもそれ以外の軸が支えてくれるのです。

浅田選手はコメントにあるように、2の「親しい人との関係」の軸の強さが、折れそうになった3の「目標に対する達成意欲」の軸を支えて、結果的にあのような起死回生の演技につながったのでしょう。それは幼いときから天才少女と注目されて日本人の期待を一身に受け、想像を絶する緊張感の中で演技する修羅場を何度もくぐりぬけてきたことによって研ぎ澄まされてきたものに違いありません。

心が強くなくては生きていけない時代

日本人の寿命が延びて人生の時間そのものが長くなりました。国民の休日が増え、余暇時間が増大し、少子高齢化とともに世帯の構成もますます核家族化しています。

かつての高度成長時代のように、欧米先進国に追い付け追い越せと、国を挙げて経済大国を目指して邁進したような熱気はもう戻ってこないのかもしれません。

そのことは同時に、生きる目標は国家や社会、あるいは会社や家庭が与えてくれるものではなく、一人ひとりが自分で見つけなければならない時代になったということを意味しています。

周りの人の後を付いて走っていれば、経済的な豊かさや心の豊かさを得られる時代ではなくなったということです。

皆さんの中からは、どんどん海外に出て行き、海外で生活する人も増えていくことでしょう。そこでは、自分と異なる世界観や価値観に触れることになります。挫折を経験することも今以上に多くなるに違いありません。

そんなとき浅田選手のように、3つの軸に支えられた〝心〟が強くなくては生きていけません。3つの軸を磨き上げ、強い心をもてるようになりましょう。

3

目標とする人物がいると学ぶべきことがわかる

あなたには今、目標とする人物が身近にいますか。

若手社員の場合なら、「この人のレベルまでいきたい（いけた！）」という手応えが感じられる程度に歳が近い5年ぐらい先輩がいいでしょう。そして単に憧れるだけでなく、「なぜこの先輩はこのやり方をするんだろう」「どういう意図があってこういうことを言うのか」と必ず自分の頭で考えることです。

「なるほど、こういう理由があるからこんな行動を取るんだ」「こういう準備をするんだ」と自分なりに理解できれば、行動に移しやすいからです。

表面的な真似をするだけではなく、行動の意味を理解するようにしましょう。そして、「3年以内に必ず追い抜く！」というぐらいの強い意欲をもち続けることです。

ミドル層は一流経営者に学べ

若手だけでなく、ミドル層のビジネスパーソンであっても目標とする人物は必要です。**社内に理想と思える対象が見つからないときは、社外に求めればいい**のです。国内外の経営者が書いた本を読んでみるのもよいでしょう（「おわりに」参照）。専門書や理論書を読むこともちろん重要ですが、そうした現場の第一線でギリギリの戦いをしてきた経営者の言葉は、あなたの心に強く響いてくるはずです。

自分が目標とする人物を見つけられたら、その人がどういう考え方をもっていたのか、苦境に追い込まれた時どのように乗り越えてきたかなどを自分なりに学びます。そして、その人の思考や姿勢を真似てみましょう。

モチベーションを継続するための最高の教科書

目標とする人物をもつことは「セルフモチベーション」を継続的に高めることにつながります。セルフモチベーションとは、人から言われたり強制されたりするのではなく、自発的に生まれる〝やる気〟のことですが、そのコントロールは非常に難しいものです。

たとえば、明日までにこれを実行しようと思えば、そのためのモチベーションは上がります。しかし、それを達成してしまえばそこで終わり。短期的なモチベーションを上げるのは簡単でもそれを維持するのが難しいのです。

また、モチベーションを高める理論的な方法を書いた本を読むと、読んだときはなるほどと思い「よし実行しよう」と考えますが、こちらもなかなか長続きしないものです。それを実行する機会がもてないままだったり、現実の問題を前にして思い通りにいかないことから、いつしか忘れてしまう……。

その点、**目標とする人物を念頭におくことで、目指すべき思考や行動が具体的に思い浮かべられ、モチベーションを継続させやすくなる**のです。

成長が実感できる習慣をもとう

モチベーションを上げる自分なりの方法を編み出すのも良いと思います。それには毎日、継続できることがいいでしょう。

仕事に直結しないことでもいいのです。たとえば日記を書いてみてはどうでしょうか。寝る前に今日1日を振り返って、できたこととできなかったことを欠かさず書くようにする。これを1年以上続けると、習慣となってやめられなくなります。それがセルフモチベーションにつながるのです。

新人によくあることですが、入社間もない頃は先輩から学んだことやお客様から叱られたことをノートにメモしていても、2年目、3年目……とキャリアを重ねるにしたがって書くのをやめてしまいがちです。日々の忙しさに追われ、仕事にも慣れてくるから仕方ない面もあるでしょう。

でも、そうしたメモを毎日ひとつずつでも書き留めておくだけで、アイデアを要求されたときの引き出し――たとえば営業なら店頭に出向いたときの気づき、開発であれば商品の新しい発想など――となります。それが役にたった経験が一度でもあると、**メモをつけることがセルフモチベーションを維持する仕掛けのひとつになる**でしょう。もしかしたら、メモから出たアイデアであなたの評価が高まるかもしれません。そうなると、さらに大きなモチベーションアップにつながります。

成長を実感できる習慣をもつことが、あなたの成長を知らない間に助けてくれます。それによって目標とする人物にも着実に近づけるのです。

目標とする人物を具体的に思い描いてみましょう。

COLUMN

あなたの目標となる人物は?

あなたの周囲に、近い将来こんな人になりたい、と自分が目標としている先輩や上司はいますか? できれば5歳ぐらい上の身近な人がよいでしょう。具体的な“目標”を見つけられると、その人のよいところを真似しながら、やるべきことが明確になってきます。その人のどんなところが目標かも含めて、考えてみてください。

年　　月　　日作成

誰?

その人のどんなところが目標?

4

10年後を想像しつつ強いところを伸ばそう

目標とする人物が決まったら、今度はあなたの将来について考えてみましょう。

3年後にどんな人生を送っていたいか、具体的に想像したことがありますか。結婚する、出産する、家を購入する、資格をとる……人によって、それこそさまざまな夢や目標があるでしょう。

また、人生をかけて大事にしたい価値観や信念はもっていますか。

仕事についてはどうでしょう。3年後、こんな仕事をしていたい、こんな役職に就いていたいといった目標がありますか?

いま、3年後について聞きましたが、もっと先の10年後の人生や仕事における目標も思い描いていますか？

毎日がとても忙しく、将来のことまでを考える余裕なんてない、という方もいるでしょう。あるいは日々真面目に仕事していれば、将来は自然と開けてくると考える方もいるかもしれません。

でも、目標をもつということは、実はあなたが思う以上に重要なことです。そして、**自分の将来像を具体化すればするほど、いま取り組むべきことがはっきり見えてきます。**

活躍できるビジネスパーソンへの成長は、自分の目標や夢をできるだけ具体的な計画にすることから始まります。自分の夢や目標は人に計画してもらうものではなく、自分で能動的に描くものだと思います。

これを私は「ドライブ・ユア・セルフ」と言っています。もちろん、異動などは自分の思いどおりにはいかないかもしれませんが、それでも「自分のキャリアパスは自分で計画する」という意志が大切なのです。

針のむしろだった取締役会

私は、将来像をもって仕事することの大切さを、身をもって経験してきました。そのひとつが、取締役に就任した1995年、33歳のときのことです。当時、私は台湾の会社の業績立て直しに走り回っていました。その合間を縫って毎月、東京で開かれる取締役会に参加していたのですが、その取締役会はある意味で社長候補のひとりであった私をしごく場でもありました。

当時は、いまと違って会議の資料が社内イントラネットで事前に共有されるような仕組みはありません。会議室に入って初めて資料を読むことになります。他のベテランの取締役の方々は、会議が始まる前に5分ほど資料に目を通せば要点を把握できますが、経験の浅かった私にそんな真似ができるはずもありません。

会議では当然ながら数字や専門用語が飛び交い、懸命に耳を傾けていても、プレゼン内容が頭の中に入ってきません。それでいて、議長から「質疑応答に入ったら自発的に気の利いた発言をするように」とか「論点を整理しつつ、活発な議論を誘発するような質問をすること」と書かれたメモが回ってくるのです。

その当時は最年少の私から発言するのが慣習だったので、多少の準備はしていたものの、メモを見た瞬間に頭が真っ白になったものです。頑張って発言しても、内容が芳しくなければ露骨にため息をつかれたり、首を振られたりしました。

もちろん、先輩方は私に意地悪する気持ちなど毛頭なく、鍛えてやろうという愛情があればこそ厳しくされていたのですが、私としては毎月の取締役会は針のむしろに座らされるような思いでした。

それでも頑張り抜けたのは、1991年の入社時のキャリアプランに掲げた「取締役としての知・技・態を30歳代で修得する」という目標があったからです。**自分で決めた目標に遅れることほど、悔しいことはありません**。周囲の評価ももちろん気にはなりますが、何より自分に負けたくないという気持ちが強かったのです。それこそ死にもの狂いで取締役会に取り組みました。

まず、取締役会の朝は誰よりも早く会議室に入って予習し、発言することを意識して他の取締役の話を聞くよう習慣化しました。さらに会議後は、台湾に戻る飛行機の出発時刻ギリギリまで、先輩取締役の方々に会議のフィードバックをしてもらいました。それこそ取締役会の前後は寝る時間もないくらいでしたが、何とか乗り越えてきました。

私は目標に掲げた２００１年より少し早い１９９７年の常務就任以降、実質的に全社の舵取りを任されましたが、曲がりなりにもそれができたのは、この新人取締役時代の苦しい経験で鍛えられたからだと思っています。

自分の強みと弱みを棚卸ししよう

どんなにつらい仕事でも、それが自分のキャリアアップにつながると思えば、乗り越えられるものです。目の前の仕事に取り組んで、自分の成長にどう活かすかを真剣に考えられるようになります。

将来を思い描いてみるのと同時に、自分のこれまでを客観的に評価することも大事です。職歴の長さは関係ありません。仕事に就いて3年目であっても15年目であっても、今まであなたがやってきた仕事を棚卸しして、自分のスキルとなって身に付いているものは何か、一度考えてみてください。
するとと、自然と自分の強みと弱みが整理でき、自分がいま「重点的にやるべきこと」がより鮮明に見えてくるはずです。なお、強いところと弱いところのどちらを伸ばすかでは、**まずは強いところを伸ばすことに注力すべき**です。同時に、どちらかというと苦手なこと、あまり気乗りしなかった仕事にも、食わず嫌いにならないように何事もまずはやってみる習慣を心がけてください。そのようなことを繰り返していると、知らず知らずのうちに苦手な仕事からもしっかりと糧を得ていたことがわかるものです。このことは後になって気づく場合も多いのです。

私はよく社員に対して、はじめにで紹介した「共振人材の6要件」のなかで、あなたはどれが一番強いと思うか、弱いと思うか、と尋ねます。多くの場合、私の見方とは違った答えが返ってきます。客観的に見たら胆力はまだ乏しそうなのに、「僕は器の大きさが特長です」とか、コミュニケーション力が少々不足しているかなと感じていた人が「共感性を発揮するのが得意です」とか言うのです。私の見方が絶対に正しいかどうかはわかりませんが、このように自分で自分を客観視することは実に難しいことなのです。

世間では企業の社員満足度を測るモノサシとして、よく退職率が使われます。退職率が高い企業＝ブラック企業と短絡的に捉える風潮には同調できませんが、ユニ・チャームの退職率はこのところ1％台と高い定着率を誇っています。これも社員一人ひとりが「私のキャリアビジョン・キャリアプラン」というシートに毎年、冒頭で問いかけたような内容を書き込むことによって、10年後の自分の将来像を見通せているからだと思っています。

キャリアビジョン・キャリアプラン

キャリアビジョン・キャリアプランを作成することは、自分の強みや弱みを棚卸しするよい機会でもあります。ユニ・チャームでは全社員が毎年作成し、いつでも見返せるように手帳にはさみ、折を見ては修正します。

キャリアビジョン・キャリアプランは、あくまで自分のためのものですから、誰に気兼ねすることなく自分の考えを記入しましょう。自分の10年先を考え、この部門でこんなキャリア、こんな経験を積んで、何年後にこのポストについているという夢を書きます。自分の夢を時間軸を入れて計画化するわけです。それもできるだけ具体的に書くようにしてください。

私はすべてフリーハンドで書き入れています。キーボードで打ったものより、**手で書いた文章のほうが、その瞬間に何を考えていたのかを、あとになって思い出しやすい**からです。

次ページに、ユニ・チャームで使用している「キャリアビジョン・キャリアプラン」のシート書式のエッセンスを紹介しています。参考にしてみてください。

COLUMN

キャリアビジョンを描いてみよう

最初に、あなたが人生で大切にしたい理念や価値観、信念を改めて考えてみてください。さらに、これまで仕事でやり遂げてきたことや、強み・弱み、今後身につけたいスキルや資格等を棚卸ししてみましょう（①）。

そこから、まず少し先の将来像を描いてみます。10年後、あなたはいくつになっていますか？　その頃こうなっていたいという人生の夢などライフビジョンと、仕事上の目標などキャリアビジョンを両方考えてみてください（②）。

その10年後のビジョンを実現するために、3年後にどうなっていればいいか、やはり人生とキャリアの両ビジョンを描いてみます（③）。これを毎年更新していくと、自分が目指す方向性とやるべきことを常に明確にもっていることができます。

年　　月　　日作成

①

大切にしたいもの（人生理念・価値観・信念）	これまでしてきたこと（仕事・スキル等）
	強みポイント
	弱みポイント

これから必要と思われること（スキル・資格等）

▼

② 10年後（　　　年　　　歳）

ライフビジョン
（夢・将来像・どんな人生を送りたいか）

キャリアビジョン
（仕事上の目標・どんな仕事や役割をしていきたいか）

▼

③ 3年後（　　　年　　　歳）

ライフビジョン

キャリアビジョン

COLUMN

キャリアプランを立ててみよう

あなたが、仕事／能力開発／プライベートでやってみたいことを10年間分書いてみましょう。箇条書きでかまいません。具体的に書き出してみると、やるべきことや進めるペースがつかめます。

	仕事内容	能力開発	家庭・地域・趣味など
年 （　歳）			
年 （　歳）			
年 （　歳）			
年 （　歳）			
年 （　歳）			
年 （　歳）			
年 （　歳）			
年 （　歳）			
年 （　歳）			
年 （　歳）			

5 初体験でも不安や恐怖に負けない！

初めて大勢の人の前でプレゼンテーションやスピーチをしたとき、思ったとおりに進められなかったり声がうわずったりして、終了後に（あ〜うまくいかなかった……）と落ち込んだ経験をもつ人は少なくないでしょう。私もよくありました。

初めて海外に出かけて外国人と仕事の交渉をしなければならないとき、飛行機の中で恐怖に陥って、このまま引き返したいと思った人もいるかもしれません。かくいう私もそうでした。

初めてのことに遭遇すると、人間は本能的に不安を感じます。しかし、その不安や恐怖心に打ち勝って、これまで**試したことのなかったことや、できなかったことができた瞬間に必ず成長**しています。おそらく、一つひとつは小さな成長でも、積み重ねることによって数年後には大きな差が生まれているものです。

「初めて」の体験を常に心に留めておくことが大切です。特に仕事で遭遇した「初めて」体験は非常に貴重です。今までやったことのなかった仕事をしたときに、人は成長するものだからです。

誰しも「初めて」の体験に出合うと自分の傲慢さに気づき、これを戒めます。しかし「初めて」だったことにも慣れが出てくると、マンネリに陥ってしまいます。

3つの初心

マンネリに陥って慢心が生まれたとき、大切なのは初心に立ち返ることです。

室町時代の能楽師である世阿弥は『花鏡《かきょう》』において、「初心忘るべからず」として、次の3つの初心を挙げました。

是非の初心忘るべからず。（是非の初心）

時々の初心忘るべからず。（時々の初心）

老後の初心忘るべからず。（老後の初心）

この言葉をよく理解して実践を心がけることです。実際、当社でもこの「3つの初心」を心がけている人は、いくつになっても必死でメモを取り、復習の材料を得ようと努力を重ねています。

社内の異動などによって「初めて」に出合えた人は本当に幸運です。なぜなら、自分に秘めた能力を開花させるきっかけに出合えたのですから。その機会を活用して能力の引き出しとやる気の充実に励めば、結果は必ずついてきます。

大きな変化に出合えないでいる人は、「毎日が同じことの繰り返しでつまらない」などと嘆くのではなく、自分から行動を起こしてそれまで以上に周囲との交流を増やしてみましょう。社内の他部門の人と積極的に話したり、異業種交流会等に参加して社外の人と出会う機会をつくるのです。大学の同級生たちと定期的に会って情報交換するのもいいでしょう。

こうして**外部からの刺激を受けることによっても、擬似的な「初めて体験」ができます**。価値観の異なる人の意見を聞くことほど、学びの多いものはありません。

私は〝初心〟こそが、人の魅力の源泉になっているのではないかと思っています。何事にも自信たっぷりで、「オレよりできるヤツはいない」などとふてぶてしい態度をとる人に対して、人間は本能的な反感を抱きます。

それよりも、初々しく必死でひた向きに仕事に立ち向かう人に、周囲は魅力を感じ応援してあげようという気持ちになるものです。

「3つの初心」で戒められているように、それぞれの専門分野や担当職務に対してだけでなく、どのような時でも、人と会う際には初心を絶対に忘れないことです。常に謙虚な姿勢を貫き、自分が知らないことをどんどん吸収していこうとする人は、間違いなく周囲からの好感を勝ち取れます。

〝初心〟は若い間ばかりでなく、どんなにベテランになっても、また立場が上になっても忘れてはならない大事なものだと思います。過去を振り返り、そこから将来をイメージするというのは、人間として、さらには組織や会社にとっても大事なことで、それが初心を忘れないということにつながると思います。

そして常に〝初心〟をもち続けるためには、今の自分に満足せず、人の意見を素直に聞いて、良いことはなんでも取り入れようと意識することです。

〝素直な反省と旺盛な向上心〟が人の魅力をつくりだし、周囲の人を巻き込んで大きな仕事ができるようになるのです。

6 努力を続ければ、あるとき「閾値」を超える

誰でも新しい経験には戸惑ったり失敗したりするものです。**なんでも最初から上手にできる人なんて滅多にいない**でしょう。

私自身もそうです。大学卒業後にある銀行に就職し、都心の支店に配属されました。大苦戦したのが現金の集計です。1日の最後に、支店にある現金を計算して帳簿の数字と合致しているかどうかを確かめるのですが、当然1円たりとも不整合は許されません。

特に難しいのが紙幣でした。お札を捌きトランプのように扇型に広げて数えるにはコツが必要で、慣れないときれいに広げることができません。新人時代はお札を数えるのに時間がかかって同僚や先輩方に大変な迷惑をかけてしまったものです。

ベテランの先輩に付きっ切りで指導してもらい、自分でも練習用の紙を使って懸命に練習しましたが、一向に上手くなる気配はありませんでした。自分はなんて不

器用なんだろうと嘆いていたところ、ある日突然、きれいな扇型がつくれるようになったのです。コツをつかんだのでしょう。昨日までの失敗がウソのようでした。

このように、失敗を繰り返しながらも諦めずに取り組み続け、その努力がある一定量を超えると、あれほど難しく見えたことが突然できるようになることがあります。それを私は「閾値《いきち》を超える」と表現しています。

もうあと少しの頑張りで努力が実る

「閾値」は、本来は科学用語です。たとえば、ある物質に別の物質を少しずつ混合するとき、それまで何の変化もなかったのに、パッと色が変わったり、性質が変わったりする最小限の数値を指します。私が意味するところは「一生懸命努力して、その努力が結実する寸前」ということです。

皆さんも一度はそんな経験があるはずです。たとえば子供の頃、自転車に乗れるようになったあの瞬間を思い出してみてください。補助輪付きの自転車に乗るか、誰かに支えてもらわなければならなかったのに、あるとき突然スイスイと自分一人で漕げるようになったのではありませんか。

仕事も同じです。懸命に努力しても事態が一向に好転しないように思えるときでも、実は目に見えないところで激しい変化が起こっている場合があります。

だから、**何事も自分から勝手に諦めて努力を怠ってしまうのは実にもったいない**ことです。もしかしたら、もうあと少しの頑張りでこれまでの努力が見事に結実するかもしれないからです。

逆を言えば、成功する最後まで諦めず、たゆまず努力することが欠かせません。自転車も乗れるようになるには、練習するしかありません。失敗して転べば痛いけれど、怖がって自転車から遠ざかっていては、いつまでたっても自転車に乗れるようにはなれないのです。

仕事や業務に必要なスキルを習得する場合も、もうあと少しで「閾値を超えるはずだ」と自分を信じて努力を続けることが大切です。

7 求められている自分の役割を演じ切る

どんな仕事でも、自分に求められていることをしっかり理解することが何より大切です。企業でいえば、自分たちのお客様がどんな商品やサービスを求めているのかを追求し続けることは当たり前ですよね。組織の一個人もそれと同じことで、自分に求められていることを謙虚に問う姿勢が周囲の人とのコミュニケーションを円滑にします。

私はユニ・チャームの個々の社員に、スーパーマンさながらの人並みはずれた力は期待していません。私も含めて平凡な普通の人たちがひとつの目標に向かってベクトルを合わせて行動することで、大きな目標を達成することのほうが意義は大きいと思うからです。言い換えれば、ユニ・チャームは**組織の力で世界に挑もうとしているの**です。

組織力を高めるためには、価値観の共有や円滑なコミュニケーション、そして仲間意識の醸成が重要です。それらは組織の中でお互いを尊敬し合い、励まし合って初めて得られるものでしょう。

課長は課長の役割を、部長は部長の役割を演じ切る

その第一歩は、周囲が期待する自分の役割を知ることにあります。そして、その役割を徹頭徹尾、演じ切ることです。

小さなチームのリーダーになったらリーダーを、課長になったら課長を、部長になれば部長を演じる。実を言うと、私も社長を演じています。

「演じる」というと、内実は違うのに周囲にそう見せかける、という悪い意味にとらえられるかもしれません。私が言うのは組織の中であくまで「周囲の期待に応えるパフォーマンスをする」という意味です。組織という舞台の上で、期待された役割を演じ切ることはプロのビジネスパーソンとして当然のことだと思います。

なぜなら、部長になった人が「部長」役を演じ切れなければ、同じ舞台に立っている課長も一般メンバーも、どう動いていいかわからず右往左往して、その舞台は滅茶苦茶になってしまいます。そんなチームで良い成果はあげられないはずです。

リーダーはまず周囲の状況の正確な把握を

しかも、同じ演じるのであれば、自分の考えではなく周囲から期待されている役割を演じなければなりません。もしどんな役割を期待されているかわからないのであれば、周囲の人に率直に聞いてみればいいのです。

ところが、リーダーに成り立ての人は早く認められたいと思うあまり、周囲の状況に十分な注意を払わず、自分の考えだけで突っ走ってしまう傾向があります。早期の実績を追い求めて、チームの方向性を必要以上に変えてしまうケースもよく見られます。

行動を起こす前に、周囲の状況とともに自分に求められている役割をしっかり把握しておけば、〝想定外の結果〟を避けることができます。つまり、新任のリーダーが最初にやらなければいけないことは、周囲の状況の正確な把握なのです。そのうえで皆が望んでいる役割を果たすようにする。そのためには、社外の取引先だけでなく、**社内の上司も部下も同僚も、誰もが自分の仕事のお客様だと思って接する**ことが重要だと思っています。

そういう思いが周囲に伝われば、コミュニケーションに必要な「共感力」を養うこともできるでしょう。共感力をもてば、一緒に仕事をする人の性格やものの見方、価値観を理解してそれを認め、効果的かつ適切な方法で相手に対応できるようになるものです。

8 自分の本質を知るために自己観照を続けよう

どうすれば継続して能力を伸ばし、やる気をもち続けることができるのでしょうか。それには毎日あるいは毎週〝自己観照〟を行うことです。

自己観照とは、あまり耳にすることのない言葉かもしれません。ここで言う「観照」は、「本質を見極める」という意味があります。つまり「自己観照」とは自分の本質を知ることなのです。

自己観照から生まれた「共振の経営」

たとえば私は、先代社長との違いを自己観照することで、自分なりの経営スタイルを確立してきました。先代がもつ、いかにも創業者らしいカリスマ性や直観力といった面では劣るかもしれないけれど、成功するまで諦めない粘り強さや現場に出向いて社員とコミュニケーションを取りながらことを進めていく力は勝っていると、自分のことを外からの目で分析したのです。

そこから編み出したのが、経営陣と現場の社員が方向性を一致させ、互いに知恵を出し合って行動する「共振の経営」というスタイルでした。

振り子を揺らすと、左右に行き来しながら最後はひとつの場所に収まって止まります。同じように、経営陣と現場の社員が緊密なコミュニケーションによって考えや行動を擦り合わせていくと、経営陣と現場の社員という2つの振り子は共振して同じ動きを始めるという考え方に基づいています。

そのためには、経営陣と現場の社員が同じビジョンをもち、それに向かって主体的に考えて行動する必要があります。ＳＡＰＳ手法は、これを促進するひとつなのです。

その意味で、ＳＡＰＳ手法は私の自己観照から進化させたものと言えます。

当社のものの見方や考え方、行動の仕方について記した『ユニ・チャーム語録』では、自己観照を次のように説明しています。


人はとかく自らの力を過大に評価しがちである。順調な時こそ厳しい自己観照

が必要だろう。『敵を知り己を知らば、百戦危うからず。（孫子）』とも通じる

ここでは「順調な時こそ厳しい自己観照が必要」というところにポイントがあります。やることなすことが**順調に運んで有頂天になっているときにこそ、危機が訪れる**ものだからです。そんなときは、冷静にかつ客観的に、自分を見つめ直す必要があります。

当社では「今日の最高は明日の最低」を合い言葉に、慢心を戒めるようにしています。

自己観照の必要性を感じたきっかけ

そもそも、私が自己観照の重要性を感じるようになったエピソードを紹介しておきましょう。

自己観照に関する考え方には、2つあります。ひとつは、大きく構えた言い方ですが「日本人として」「ひとりの人間として」ということです。もうひとつは、「経営者として」の自己観照です。それぞれに強く意識するようになったきっかけがあ

りました。

日本人として、ひとりの人間として、自己観照の必要性を痛感したのは、高校2年生のときアメリカに1年間留学したことでした。いま戦後70年が経ち、社内でも戦争や歴史、特に日本の近代史を学ぶことの大切さをよく社員に話しますが、その背景にあるものも、このときの経験です。

当時のアメリカでは、日本という国の存在感がいかに小さいかということを思い知らされました。

机を並べたアメリカの高校生は日本のことをほとんど知らなかったのです。昔のアメリカの映画で日本と称するシーンでは、大きな銅鑼《どら》が鳴らされ、花魁《おいらん》のような髪型と衣装を普段着とする女性が登場することもしばしばでしたが、まさにその程度の認識でした。1970年代後半、すでに日本経済は世界に伍《ご》して戦えるようになっていただけに、それは私にとってとてもショッキングなことでした。

何とか同級生たちの無知による日本の誤解を解きたい。そう思って日本の正しい姿を紹介しようと思ったとき、はたと感じたのが、私自身もいかに日本のことを知らなかったのかということでした。日本人でありながら、彼らの質問に的確に答えられるだけの知識をもち合わせていない自分を恥じました。

自己観照とは言い方を変えると、内省する、内観するということになります。人は**自分の内面は、思うほどわかっていない**ものです。**むしろわかりたくないという思いが強くある**のかもしれません。自分が暮らしている日本のことをもっと知らなくてはいけない、歴史をもっと学ばなくてはいけないという思いが自己観照の必要性につながっていったのです。

もうひとつの経営者としての自己観照ですが、私が最初に知った経営者は当然、父親でした。私が当社に入社した１９９１年頃、会社の業績は外から見ると順風満帆に見えましたが、将来を見通したとき、内実は決してそうではありませんでした。それぞれの部署ごとにさまざまな問題・課題が山積していました。ところが、創業者としてある意味絶対的な立場にあった父にはそれらの問題点は隠され、いいことづくめの報告ばかりが上がっていたのです。もしかすると本当のところ、父は真実の姿を知っていたのかもしれませんが、私の目には伝わっていないように見えました。

難局を打開するには、会社は最も強いところに経営資源を集中しなければなりません。当時、多角化の名残がたくさんあり、戦線が広がりすぎて、経営資源で最も重要な人材が枯渇していました。

そこで、私が入社して最初に手掛けたことは、父の時代に多角化した事業を得意分野にしぼって整理していくことでした。そうした経験を通じて、経営者が組織の中でいかに裸の王様になりやすいのかを痛感し、自己観照の必要性を思うようになったのです。

一般的に、父に限らず功なり名を遂げた経営者ほど自己観照は難しいものです。経営者はよく、悪い情報から先に報告しなさいと言いますが、現実にはそれが実行されるケースは少ないはずです。なぜ実行されないのか、なぜ自分のところに正しい情報が入ってこないのかをよく考えなければなりません。それは、経営者自身の普段の振る舞いに問題がある場合が大半なのです。

もちろん、一からユニ・チャームをここまで大きくした父を、私は大変に尊敬しています。しかし、どんなに優れた経営者であっても、**油断があると、いとも簡単に裸の王様に陥ってしまう**のです。これは経営者ばかりでなく、人を率いるリーダー全般に言えることだと思います。私自身、すでにその状態に陥っていないか、常に自分を戒めています。だからこそ、現場の知恵を経営に活かす共振の経営を推進し、ことあるごとに現場に出向き、肌感覚で1次情報を獲得するよう努めているのです。

決して部下を信用していないわけではありません。ただし、人から上がってくるレポートや報告を見たり聞いたり、数字を見るだけでは真実はつかめないという意識がいまも続いているのは、このときの経験があるからです。

おわりに

「凡事徹底が非凡を生む」

これは、私が最も大事にしている経営の信念です。

そう思うきっかけを与えてくれたのは、1冊の本でした。経営コンサルタントの故・田辺昇一さん著『人間の魅力』（ダイヤモンド社、新潮文庫）の第4章「人間の魅力」に次のような一節があったのです。

「なんでも一万回やれば、超一流になれる。（中略）目標意識をもって、なにごとでも三ヶ月続ければそれが習慣になる。習慣になれば、あとは楽に目標を達成することができる」

この言葉にどれだけ勇気づけられたかわかりません。ですから、本書においても何かひとつでも気づきを得てもらえたら嬉しいですし、あとがきに代えて私がどのように本を選んでいるか、ご参考までに記しておきます。

本は自分の経験や思想の幅を広げてくれますから、どんなジャンルでも読む価値があると思いますが、今回はビジネスに関わる本に限って考えてみます。

ビジネスや経営に関連する書籍は2つに大別できるのではないでしょうか。ひとつは戦略を開発するノウハウと、その戦略を実践する実践道が書いてある本です。タイトルや手法はさまざまですが、この種の本のエッセンスは、戦略立案と戦略実行の大きく2種類があります。

もうひとつは、経営者として触発される自己啓発的な本です。つらいときに読んで踏ん張るための本、と言い換えてもいいかもしれません。


後者の一例が、さきほど挙げた『人間の魅力』です。たまたま田辺さんは父と親交があったため初版の同書をお年玉としてご本人からいただいたのですが、その後、折に触れて読み返し、あちこちに付箋を貼り、マーカーで線を引いてあるのですり切れんばかりになっています。

冒頭に挙げた一節のほかにも、最終項「未見への出発」には、自分の可能性を眠らせるなということが書かれていて、経営に苦しんだときに読み返すことが習慣になっています。私は50歳を超えた今も自分はまだまだ成長することができると思っていますが、そんな私でも時には弱気の虫が出そうになりますが、本書を読み返しては勇気づけられています。社員の皆にも共有したいと思い、同書から『ユニ・チャーム語録』にもいろいろ反映させていただいています。（残念ながら絶版になっているそうで、古書店でしか手に入りません。）

また、前者の一例で戦略実行の座右の書と言えるのは『経営者になる　経営者を育てる』（菅野寛著、ダイヤモンド社）です。BCG（ボストン・コンサルティング・グループ）流の経営者の育て方がまとめられており、この本に出合ってよかったと思う人は多いはずです。私は習慣として、いい本に巡り合うと社員に推薦し買って読んでもらうようにして、ユニ・チャーム語録と同じような使い方をします。私が「『経営者になる　経営者を育てる』の何ページの何行目に書いてあることを言いたいのです」と言うと、コミュニケーションに齟齬が生じにくくなり、理解が深まるのも早くなるからです。

経営者を目指すと、自分が経営者の器かどうかと悩むことも少なくありません。ですが、経営者の器だとかオーラは先天的にもつものではなく、成果を出して初めて身に付くものだとも思っています。あの松下幸之助さんや井深大さんといえども、最初からすごいオーラがあったのではなく、成果をあげたことでどんどんオーラが増していったのではないでしょうか。

その点、この本では経営者のスキルセットがすべて因数分解して示されており、「強い意志をもって訓練すれば、たいていの場合、満たされる」として、真面目にやれば、優秀な経営者になれると思わせてくれます。共振人材の6要件と同じようなことが書いてありますが、それは私がこの本に感化されたところが大きいからです。コンセプトメイクや言葉の結晶化がたくみで、皆で読んで習得を目指すにはすごく向いていると思います。

実践的な内容であっても、自己啓発的な内容であっても、突き詰めると書かれているエッセンスは似ているなと思うこともあるでしょう。それは、ある意味普遍的な内容だからではないでしょうか。

それを読むだけで終わらせずに実践を通じて知恵として定着させ、血肉にまで浸透させてこそ意味があります。そのために、感銘を受けた本については何度も読み返すことをおすすめします。そして、皆さんが益々才能を開花されることを切に願っています。

[著者]
高原豪久（たかはら・たかひさ）
ユニ・チャーム代表取締役社長執行役員。
1961年愛媛県生まれ。成城大学経済学部卒。銀行勤務を経て、91年ユニ・チャーム入社。台湾現地法人副董事長、サニタリー事業本部長、国際本部担当、経営戦略担当などを歴任後、2001年代表取締役社長に就任。生理用品や子供用紙おむつ、介護用品などを主力事業として、国内はもちろん海外市場への事業展開を強化してきた。80超の国・地域に進出、社長就任から約15年で売上高を3倍、海外売上比率を全体の1割から6割にまで伸ばし、成長を加速させている。

ユニ・チャーム式　自分を成長させる技術

2016年6月9日　第1刷発行
2023年10月10日　第4刷発行

著　者——高原豪久
発行所——ダイヤモンド社
〒150-8409　東京都渋谷区神宮前6-12-17
https://www.diamond.co.jp/
電話／03·5778·7233（編集）03·5778·7240（販売）

装丁デザイン—重原 隆
本文·図表デザイン—荒井雅美（トモエキコウ）
編集協力——加藤年男
校正————米倉千里（聚珍社）
ＤＴＰ———桜井 淳
製作進行——ダイヤモンド・グラフィック社
印刷————信毎書籍印刷（本文）・加藤文明社（カバー）
製本————ブックアート
編集担当——柴田むつみ

ISBN 978-4-478-06506-8